全球生产：

国际分割与地域异质性

范子杰　著

科学出版社
北　京

内 容 简 介

本书的核心特点是基于全球化背景下全球生产这一最新的国际贸易机制和模式及世界市场基础，系统解析区域经济一体化背后全球生产国际分割的地理分布特征和驱动机制。本书的内容为国际贸易和国际经济学及区域经济学前沿研究成果，具有一定的专业性，包含数学模型和实证计量结果，对具有一定国际贸易和国际经济学基础知识的读者来说，它将是一本比较好的了解国际贸易学科前沿的著作。

本书内容知识覆盖面较广，包括国际贸易、国际经济学、区域经济学及数量经济学等学科，适用于国际经济学、国际贸易学、金融学等相关专业的研究人员、教师、研究生及政府相关职能部门的管理人员参阅，因此，通过学习本书，将有望对相关学科前沿发展内容有一个整体性了解。

图书在版编目（CIP）数据

全球生产：国际分割与地域异质性 / 范子杰著. —北京：科学出版社，2021.9

ISBN 978-7-03-068371-7

Ⅰ. ①全… Ⅱ. ①范… Ⅲ. ①国际分工－影响－出口贸易－研究－中国 Ⅳ. ①F752.62

中国版本图书馆 CIP 数据核字（2021）第 049773 号

责任编辑：徐 倩 / 责任校对：贾娜娜
责任印制：张 伟 / 封面设计：无极书装

科 学 出 版 社 出版
北京东黄城根北街 16 号
邮政编码：100717
http://www.sciencep.com
北京盛通商印快线网络科技有限公司 印刷
科学出版社发行 各地新华书店经销
*
2021 年 9 月第 一 版 开本：720 × 1000 1/16
2022 年 3 月第二次印刷 印张：8 1/2
字数：172 000

定价：92.00 元

（如有印装质量问题，我社负责调换）

前言

生产发展到一定阶段，人与人之间受“自利心”驱使而产生的交换倾向导致劳动的分工。劳动的分工将提高生产效率，并受市场范围限制。随着市场范围的扩大，很多人乃至国家整体会受到激励，在一个更大的市场范围内根据自身的比较优势逐渐专业化于某一产业，甚至单个产品或者单个产品的某一生产环节。当市场扩大到全球范围时，庞大的国际贸易流量提供了全球范围内交易的路径，尤其是以中间品和零部件为主的垂直专业化贸易的快速扩张极大地促进了生产工序的细化，形成了众多国家参与、生产任务分割、全球范围生产的新型全球生产体系。这种生产体系主要根据要素禀赋和价格差异对全球价值链（global value chains，GVCs）各个环节进行全球地理配置，形成生产环节的国际分割。传统经济学理论认为这会造成一国出口产品中所含的国内增加值率越来越低，增值能力的降低可能会减少贸易带来的福利及对就业产生挤出效应。事实上，在过去的十年里，受创新、贸易自由化和区域一体化等因素驱动，生产的国际分割在技术上和地域上都在不断地深化和扩张，带来了体积因子效应和实际工资的增长。这些新的特征和趋势都急需新的理论和解释。

生产的国际分割为发展中国家参与全球生产和贸易提供了巨大的机遇和挑战。尤其是加入世界贸易组织（World Trade Organization，WTO）之后，中国参与到全球生产体系的中下游生产环节中，促进了工业制成品和零部件的迅速出口，带来了每年近 20%的出口贸易增长率，也使中国在全球生产中起到了越来越重要的作用。后危机时代，贸易保护主义逐渐抬头，发达经济体的制造业开始回流，WTO 等大区域贸易协定的作用被逐渐削弱，以美国为主导的跨太平洋伙伴关系协定（trans-pacific partnership agreement，TPP）最高标准的建立，中国被排除在外。同时，随着中国经济逐渐回归新常态，贸易增长趋缓带来了更大的压力，如何理解和把握中国参与国际分割的特征和表现，从政策层面进一步提升中国制造业产品国际化生产水平，增强国际竞争力显得愈加重要。

现有研究对国际分割的产生、相关概念、测度的数据和方法及特征等方面在宏观、微观及案例层面都做了非常详尽的研究和分析。不同研究根据研究目的选择了不同的统计方法和工具进行测度，存在概念上的混乱和误估问题，同时也缺乏国际分割不同层面的刻画。新的全球价值链分解的思路为我们提供了一些有益的借鉴，为准确测度国际分割，刻画其地域异质性特征提供了新的灵感。

通过借鉴全球价值链分解方法构建国际分割测度的综合理论分析框架，表明基于后向联系的国内增加值出口率（domestic value added export ratio for backward linkage，DVA_B ratio）指标是测度国际生产分割较为科学合理的指标。传统的测度国际分割的指标，如外包、垂直专业化等相关指数都主要关注国外增加值含量，但存在误估问题。本书借鉴新的全球价值链分解方法，通过对增加值贸易的完全分解，提出了一个国际分割测度的综合理论分析框架，这一综合理论分析框架囊括了现有的三种主要测度指标及之间的联系和区别，通过比较分析发现，DVA_B ratio 指标更为科学合理，并给出了其在多国、多部门情形下的计算公式。

利用世界投入产出表（world imput output tables，WIOTs）的数据，通过对世界主要国家及中国整体和部门层面的国际分割水平测度和分析发现：全球国际分割水平逐步提高，但在部门和跨国层面都表现出一定的异质性，且中国国际分割具有一定的典型特征，一方面，中国国际分割水平在不断提高，但与世界平均水平相比仍相对较低；另一方面，中国国际分割的提升主要是由于产业国际分割的提升，产业结构调整的作用有待进一步提升。

不论是世界范围还是中国的国际分割都具有典型的区域性特征，且在全球范围内呈现逐步加深的趋势。这一结论也验证了区域经济一体化加强的事实。通过构建国际生产分割地域特征分析框架及经验分析表明，世界主要的三大贸易区域组织——欧盟（European Union，EU）、北美自由贸易区（North American Free Trade Agra，NAFTA）、“亚洲工厂”区域内国际分割具有典型的区域性特征，区域内水平要远远大于区域外；中国制造业整体和绝大多数制造业行业也呈现同样的趋势，在“亚洲工厂”区域内国际分割水平更高，且区域内提升的速度远高于区域外。导致中国制造业区域内外差异的主要原因是区域内出口中间品国际分割水平高于区域外，同时出口产品效应和直接诱发部分的变化是中国制造业区域内和区域外国际分割水平提升的主要动力。

邻近可以解释国际分割的区域性差异。利用扩展的引力模型和跨国数据，并分别基于截面和面板回归模型，通过估计距离对国际分割的影响发现，DVA_B ratio 指标对地理距离的弹性显著为正，表明国际分割在不同地理距离表现上的差异较为显著，且具有明显的区域性特征，但对其变化的弹性估计结果却表明距离变量无法解释考察期内国际分割的变化。对中国的情况也进行了相应分析，发现国际分割对地理距离的弹性估计结果与跨国数据的估计结果基本一致，这说明距离也可以解释中国国际分割的区域性特征。同时，距离也可以解释中国国际分割这一时间考察期内的变化。

本书的主要研究结论对于中国进一步扩大开放、提高出口产品的国际分割水平、提升外贸竞争力具有很强的政策性启示。一方面，要进一步推进和强化“亚洲工厂”区域及周边国家区域贸易协定，扩大开放，放宽外资准入标准和降低中间品关税；另一方面，要积极推动产业结构转型升级，调整出口产业结构，提升服务业国际化水平，推动服务贸易自由化和便利化。

本书的核心内容是在全球生产网络背景下提出一国国际生产分割的测度研究框架，并以中国为例分析了双边呈现的地域上的异质性特征，以及何种因素决定了这种异质性特征，来回答未来中国进一步提高国际生产专业化程度、培育外贸竞争新优势，提升外贸竞争力的着力点在哪里及可采取的相应政策措施有哪些。为达到本书主要研究目标，全书共分为 6 章，根据具体内容可划分为 4 个主要部分：其中第一部分是本书的前期研究准备，分别归纳了本书研究背景和意义、研究方法、研究思路和可能的创新点及国内外研究现状；第二部分是基于全球生产网络的国际生产分割测度理论分析框架构建及基于 WIOTs 数据的测度、特征分析及变化机制，主要借鉴全球价值链分解方法，根据投入产出模型提出了测度国际生产分割的理论分析框架，在此基础上利用 WIOTs 数据测度了全球 42 个国家的整体、双边和部门层面的国际生产分割水平，并以中国为例分析了国际生产分割的典型特征和变化机制，包括第 2 章和第 3 章；第三部分是集中于双边国家国际生产分割呈现的地域特征及影响因素分析，基于第 2 章理论构建了国际生产分割地域特征的理论分析框架，利用数据经验分析了主要特征和变化机制，并结合引力模型实证检验了邻近（距离）对国际生产分割的影响，包括在第 4 章和第 5 章的内容中；最后一部分是政策选择，为第 6 章的内容，即基于本书第二部分和第三部分主要的理论和实证分析结论进行政策反思和得到的主要启示。

目　　录

1 全球化与国际生产分割

1.1 引　　言

近年来，一些新的国际生产组织形式受到经济学者和政策制定者的关注。比如，越来越多的离岸生产（offshoring）、外包（outsourcing）、对外直接投资（foreign direct investment，FDI）等，这些新的生产组织形式是全球经济一体化趋势的主要表现（Feenstra，1998）。在全球化的今天，生产者之间的生产界限已被打破，生产主体和生产场地之间的相互连接在地理距离上越来越远（张亚斌和范子杰，2015）。贸易成本逐步降低和信息技术不断进步，使得多个国家共同参与生产的GVCs逐步兴起和繁荣，形成全球化的生产网络。迄今，GVCs已形成了众多国家参与、生产任务分割、全球范围生产的新型国际生产体系。这种生产体系主要根据要素禀赋和价格差异对GVCs各个环节进行全球地理配置，形成生产环节的国际分割（international fragmentation）（Jones and Kierzkowski，1988，2004；Jones，2000）。国际生产分割是全球经济一体化的主要特征之一。传统经济学理论认为生产的国际分割会造成一国出口产品的国内增加值率越来越低，增值能力降低可能减少贸易带来的福利及对就业产生挤出效应，这也被越来越多的政策制定者所关注，发达经济体的制造业回流倾向及发展中国家追求国产化的政策导向均在强化。事实上，在过去的十年里，受创新、贸易自由化和区域一体化等因素驱动，国际生产分割在技术上和地域上都在不断地深化和扩张，这带来了体积因子效应和实际工资的增长，提升了外贸竞争力[①]。这些新的特征和趋势都急需新的理论和解释。

① Kohpaiboon 和 Jongwanich（2013）对东亚的研究发现，新加坡和泰国在参与国际生产分割后，出口国内增加值率（the ratio of domestic value added to gross exports，DVAR）从22.5%（2000年）下降到21.8%（2007年），但这些行业的产出占总产出的比重从60.1%（2000年）上升到71.6%（2007年），就业人员占比从52.9%（2000年）上升到61.2%（2007年）；新加坡在国际生产分割行业的工人真实工资水平从21 764美元（2000年）上升到32 264美元（2007年），相比其他非国际生产分割行业，从20 928美元（2000年）上升到26 672美元（2007年），即还促进了真实工资的增长，同样的现象也可以在菲律宾、马来西亚及泰国观察到。

生产环节的国际分割使得国与国之间的商品贸易（trading goods）逐步转化为任务贸易（trading tasks）（Grossman and Rossi-Hansberg，2008）或增加值贸易（Lamy and Shiraishi，2011），对国家之间的贸易依赖关系产生了极为深远的影响（Costinot et al.，2013），改变了世界的贸易和生产模式。对发展中国家来说，国际生产分割为其提供了之前基本不太可能的参与跨国贸易交易的机会。传统的贸易理论认为，企业要进入国际市场必须在产品所有生产环节都拥有竞争力或比较优势。国际生产分割的出现使得发展中国家要参与国际生产网络或者跨境生产分工，只需要在产品生产的某一个或几个环节获得专业化比较优势。这种分工模式允许发展中国家以一种更好的形式参与国际生产，为发展中国家外贸增长和经济发展提供了更多机会。改革开放以来，尤其是 2001 年加入 WTO 以来，作为发展中国家的中国对外贸易取得了较快进步，继 2009 年出口规模跃居世界第一位，进口规模位居世界第二位之后，2013 年正式超越美国成为全球最大的货物贸易国。随着国际生产分割日益深化，中国贸易结构和贸易要素含量也发生了较大变化，中间品贸易比重在不断增大①，出口产品中包含更多的国外增加值。WTO 和经济合作与发展组织（Organization for Economic Co-operation and Development，OECD）的计算数据表明，2008 年中国出口国内增加值率为 66.73%②。中间品尤其是加工贸易的繁荣使得中国参与国际生产分割的程度日益加深，这种深化反过来又促进了贸易的发展，为中国经济的持续、高速增长贡献颇多。据统计，从 2003 年开始，中国国内生产总值（gross domestic product，GDP）一直保持着 10%左右的增长，于 2010 年已超越日本成为世界第二大经济体。中国贸易尤其是出口贸易对经济发展的影响引发了诸多学者和政府管理者的关注。但随着贸易保护主义抬头，发达经济体制造业回流趋势逐渐加快，WTO 等大区域贸易协定的作用被逐渐削弱。而以美国为主导的 TPP 最高标准的建立，中国被排除在外。同时，中国也在加速自由贸易协定（free trade agreement，FTA）的缔结，整合全球资源，更有效地降低贸易成本，避免对区域经济发展的单一依赖，减小区域性经济危机的影响，增强价值链的连通性和稳定性，以逐步提升产业全球价值链地位。因此，从政策层

---

① 根据联合国贸易和发展会议（United Nations Conference on Trade and Development，UNCTAD，中文简称“贸发会议”）数据统计，中国零部件出口占制造业贸易的比重从 1996 年的 41.6%上升到 2010 年的 68.1%。

② 来源于 WTO 和 OECD 发布的增加值贸易（trade in value-added，TiVA）数据库。

面加快跨区域双边和多边贸易合作谈判步伐对提升中国制造业国际生产分割水平，提高产业全球价值链地位，增强国际竞争力显得愈加重要。在区域一体化迅速加快的进程中，如何进一步理解和把握新的国际生产形式，研究发展中大国中国参与国际生产分割的程度及区域性特征，以及分析传统贸易成本影响因素距离对其的影响路径，正确解释国际贸易发生的新变化，以及进一步在新常态下全面深化改革，加快形成面向全球的高标准自由贸易区网络进程，构建开放型经济新体制，对为提升产业价值链地位和外贸竞争力提供科学合理的政策建议具有重要意义。

1.2　全球生产与国际分割

国际生产分割的产生与生产分工尤其是国际生产分工的深化密不可分。早在17世纪，亚当·斯密就注意到人的才能的自然差异导致了生产的分工，并形成最初的生产专业化分工（斯密，2001）。国与国之间的贸易也主要是由于各自的要素禀赋来生产具有比较优势的产品（李嘉图，2005），生产的分工逐步扩展到国际层面。在19世纪60年代工业革命以前，出现了国际生产分工的雏形，一些欧洲造纸商开始采用在多个国家分割的方式进行生产（Hartwell et al.，1969）。尤其是第二次世界大战后第三次科学技术革命对国际分工产生了极为深远的影响，国际分工的形式发生了较大的变化，一个突出的表现是从过去产业间专业化向产业内专业化方向转变。进入21世纪以来，随着全球经济一体化进程的加快，原来集中在某一地区的生产过程逐步分割为连续的生产环节，每一个环节在不同的跨国界地区进行专业化生产。生产的国际分割在形式上和内容上呈现一些新的特征：第一，受创新、贸易自由化和资本流动支撑，国际生产分割在技术上不断深化和在地域上不断扩张（Jones and Kierzkowski，2001；Helg and Tajoli，2005；Olsen，2006）；第二，作为全球化进程的一个主要结果，国际生产分割与不断增强的全球化进程相互交织在一起（Dicken，1992）；第三，国际生产分割对国民经济产生了极为深远的影响，对跨国企业所在国家来说，企业将一部分原本在国内生产的制造环节转移到国外通常被认为会侵蚀本国的就业，是对本国福利的威胁。还有一些关于 GVCs 的研究则认为不同生产环节实行专业生产后带来的规模经济、更新换代的激励及技术转移的可能性给予发展中国家小企业更多的机会来参与到全球价值链生产当中。

1.2.1 国际生产分割相关概念和界定

最早对国际生产分割给出完整定义的是 Jones 和 Kierzkowski（1988），他们将其定义为“生产链被分割为两个或两个以上的分离环节，并在不同的国家被执行的过程”（Jones and Kierzkowski，1988；Jones，2000；Deardorff，2001a，2001b；Jones and Kierzkowski，2001）。与其类似的一些概念也在公开场合被相互替代使用，如外包、离岸生产等。还有一些常用术语与国际生产分割相关，强调了其不同的方面，如万花筒比较优势（kaleidoscope comparative advantage）（Bhagwati and Dehejia，1994）、产品内专业化（intra-product specialisation）、超级专业化（Arndt，1998）、任务贸易（Grossman and Rossi-Hansberg，2008）、增加值贸易（Lamy and Shiraishi，2011）等，强调了相对传统比较优势和水平专业化概念的一些变化。而 GVCs 和全球生产网络（global production networks，GPNs）（Gereffi，1994；Navaretti et al.，2002；Memedovic，2004；Sturgeon，2006）涉及了一些新的商业组织形式并被用来研究相应的产业和贸易政策问题。还有一些概念，如多阶段生产（multistage production）（Dixit and Grossman，1982）、价值链片段化（slicing up the value chain）（Krugman，1995）、生产非一体化（disintegration of production）（Feenstra，1998）及全球生产分工（global production sharing）（Yeats，1999）等也与此相关。这些不同词汇的使用表明了概念上的混乱，而且对选择统计方法和工具进行测度也是非常不利的，因此清晰的界定是建立科学合理指标的本质需要。

企业是生产分割的主体。根据生产过程相互联系的企业所有权构成及法律关系的不同，生产分割实现的路径也有所区别（Formentini and Iapadre，2008）。一般通过两种途径：一是企业可以从国外供应商通过正常交易或签订合作协议、联合经营、指定中间投入供应的分包获得中间产品和服务。这种方式的生产全球化通过外包的生产形式创造了中间产品贸易。但相对于正常交易而言，分包则清晰地暗示了企业间更紧密的生产联系。二是企业可以在企业集团内重新组织生产，委托其自身的国外机构来承担生产过程的某些环节。这种形式的生产国际分割则意味着跨国公司的垂直 FDI，并由此产生中间品的国际贸易流量，也被定义为企业内贸易，在国际层面，被定义为离岸生产（Kirkegaard，2005）。因此，要准确地测度国际生产分割，需要一个同时考虑国际外包离岸分包、跨国企业的垂直一体化及垂直专业化等在内的综合度量指标，即一个合理的国际生产分割度量指标，不仅要考虑大型跨国公司的垂直 FDI，还应该考虑包括小型或中型企业在内的全球生产网络（Formentini and Iapadre，2008）。

1.2.2　国际生产分割的测度

1.2.2.1　测度数据

对国际生产分割进行测度主要受数据可得性的限制。全球生产网络使得各企业通过生产环节密切相连，通过各环节参与企业的相关生产和经营数据来直接度量国际生产分割是一个首选的办法，事实上，这类数据极少且不可得。即使一些机构，如 OECD 获得了类似的跨国企业调查数据，但由于缺乏关联企业之间的产权结构及每一阶段生产投入的数据，准确度量仍无法实现。而通过贸易和投入产出数据来间接度量国际生产分割则是一个很好的补充方法，也被经济学者所广泛使用。表 1.1 列出了国内外学者直接和间接度量国际生产分割主要采用的公开数据库概况。

从表 1.1 可以看到，测度国际生产分割所采用的数据主要分为四大类。

第一类是基于跨国公司国际经济活动的数据。迄今比较完善的是 OECD 的 AMNE 数据库和 UN CTAD 的 FDI/TNC。这类数据通常通过商业调查的方式获得，但受成本和调查难度约束，仅能够获得部分国家的相关数据，同时其中的一些跨国活动涉及敏感问题时也难以披露。

第二类是传统的官方贸易统计数据，主要为产品层面的数据。这类数据覆盖范围广，为原始数据，分类较细，可以进行国际比较。利用国际贸易标准分类（standard international trade classification，SITC）方法和广义经济商品（broad economic categories，BEC）分类方法可以区分出初级产品、中间品和最终消费品（Athukorala

表 1.1 国际生产分割研究的公开数据库概况

数据库	来源	涵盖年份	国家	行业	相关研究
跨国公司国际活动（activity of multinational enterprises，AMNE）数据库	OECD http://www.oecd.org/sti/ind/amne.htm	1998～2008 年	30 个	21 个	OECD（2005 年）
外商直接投资/跨国公司数据库（foreign direct investment，FDI/transport costs，TNC）	UNCTAD	1980～2014 年	—	—	—
对外加工贸易数据	各国海关、Eurostat、Comext、OECD 和 STAN 数据库	—	—	—	Naujoks 和 Schmidt（1994）；Baldone 等（1997）；Graziani（1998）；Baldone 等（2001）；Egger H 和 Egger P（2005）；Baldone 等（2007）
贸易统计数据（SITC rev4 及 BEC 分类）	BACI 数据库 http://www.cepii.fr/CEPII/en/bdd_modele/presentation.asp?id = 1	1992～2013 年	200 个	HS6 分位的产品层面数据	Ng 和 Yeats（2001）；Yeats（1999）
中国工业企业数据库和海关数据库	中国海关	1998～2012 年	1 个	产品层面	张杰等（2013）；Kee 和 Tang（2016）
全球贸易分析项目（global trade analyis project，GTAP）数据库	普渡大学 https://www.gtap.agecon.purdue.edu/databases/v9/default.asp	2004 年、2007 年、2011 年	140 个	57 个行业	Trefler 和 Zhu（2010）；Daudin 等（2011）；Johnson 和 Noguera（2012a）；Koopman 等（2014）
世界投入产出表（world input-output tables，WIOTs）	世界投入产出数据库 http://www.wiod.org	1995～2011 年	40 个国家，其余国家归为世界其他国家	35 个	Baldwin 和 Lopez-Gonzales（2015）；Costinot 等（2013）；Timmer 等（2013）；王直等（2015）
日本贸易振兴机构亚洲机构研究所（Institute of Developing Economies-Japan External Trade Organization，IDE-JETRO）的亚洲区域投入产出表（Asian regional input-output tables）	http://www.ide.go.jp	1985～2000 年每五年	8 个亚洲国家	—	Pula 和 Peltonen（2009）；Puzzello（2012）
OECD 投入产出表（OECD input-output tables）	OECD http://stats.oecd.org	1970～2005 年	OECD 国家及新兴国家	34 个	Hummels 等（2001）；Johnson 和 Noguera（2012b，2014）

续表

数据库	来源	涵盖年份	国家	行业	相关研究
Eora 多区域投入产出数据库（Eora multi-region input-output database）	http://www.worldmrio.com/	—	187 个	—	—
环境投入产出数据库（environmentally extended input-output database，EXIOBASE）	http://www.exiobase.eu/index.php/about-exiobase	2000 年、2007 年	43 个	163 个	—
亚洲开发银行多区域投入产出表（Asian development bank multi-regional input-output tables，ADB-MRI）	https://mrio.adbx.online/	2000 年、2005～2008 年、2011 年	18 个	—	—
UNCTAD 和欧盟 GVCs 数据库	UNCTAD 和悉尼大学	1990～2011 年	187 个	44 个	—
WTO-OECD 的 TiVA 数据库	http://stats.oecd.org/Index.aspx?DataSetCode=TIVA_OECD_WTO	1995 年、2000 年、2005 年、2008～2011 年	57 个	34 个	de Backer 和 Miroudot（2014）；罗长远和张军（2014）

资料来源：Formentini 和 Iapadre（2008）；Minor 和 Walmsley（2012）；Johnson（2014） and Yamashita，2006）。利用区分的中间品进出口数据可以测度一国或行业的国际生产分割，但会存在两个无法克服的问题（de Backer and Yamano，2007）：一方面，中间品和最终产品的分类标准在判定生产环节时不可避免地会存在一定程度的误导，如晶体管在某些产业内是中间品，但对另一些产业来说可能是最终品；另一方面，这种分类只是针对产品贸易，但生产过程中的服务却无法区分，而服务贸易尤其是生产性服务贸易在国际生产中起着非常重要的作用。同时，中国工业企业数据库和海关数据库也属于这一类的企业层面数据。

第三类是对外加工贸易数据。一些国家建立了分行业的对外加工贸易数据统计机制，可以利用这类数据来进行国际生产分割的度量和分析。由于对外加工贸易的特点主要是利用进口中间品再加工后出口，为出口而进口的中间品相关指标更能够反映一国参与国际生产分工的程度。但由于加工贸易行业一般只发生在位于价值链功能架构末端的国家或地区，如中国和墨西哥，其他国家或地区的加工贸易比重相对较小，无法进行大范围国家或地区间的横向比较和深入研究。

第四类则是当前学者使用最为普遍的投入产出数据。早在 1936 年，Leontief 就提出了投入产出分析方法（Leontief，1936）。2005 年以来，得益于可利用的高质量投入产出数据表的收集，利用投入产出方法研究国际生产分割吸引了一大批学者，也取得了比较好的效果。如表 1.1 所示的 GTAP、WIOTs、IDE-JETRO 的亚洲区域投入产出表、OECD 的投入产出表都是较为系统和平衡的投入产出数据。还有两个在投入产出数据基础上计算构建的增加值贸易数据库，包括 UNCTAD 和欧盟 GVCs 数据库及 WTO-OECD 的 TiVA 数据库可归为这一类。

1.2.2.2　测度方法和指标演变

国际生产分割在贸易和生产中所起的作用越来越重要，可利用的数据也在不断完善，但对其规模和影响的测度依旧比较困难，在过去的 20 年里一些指标被不断地提出，但仍受到诸多问题困扰。本书也主要利用数据的差异来介绍国内外学者对国际生产分割的测度和研究概况。

1）基于跨国公司数据和加工贸易数据

由于跨国公司和加工贸易数据自身存在局限性，利用这两类数据进行国际生产分割测度的研究都相对较少。其中 OECD 手册（2005 年）根据跨国公司外派机构或子公司与母公司的增加值和产出构建了国际生产分割指标。相比较而言，利用加工贸易数据的研究则稍显丰富，基于加工贸易数据的国际生产分割主要是基于再出口和再进口的中间品分别占总进口中间品和总出口中间品的比重构建。例如，Naujoks 和 Schmidt（1994）、Baldone 等（1997）、Graziani（1998）分别利用西欧和东欧的加工贸易数据分析了国际生产分割的程度，Baldone 等（2001）也利用此类数据研究了单个行业纺织和服装产业的国际生产分割特征和影响因素。

2）基于贸易统计数据

基于贸易统计数据的研究主要分为宏观和微观两个层面。宏观层面，主要根据国家和行业层面的中间品进口数据进行构建。最早由 Feenstra 和 Hanson（1996）构建了中间品投入中的进口比重，即用 FH 指数来代表外包指数，从而反映国际生产分割，这个指标也被定义为广义的 FH 指数。Feenstra 和 Hanson（1999）基于 FH 指数提出了两个相关的指标：一个是狭义的 FH 指数（narrow outsourcing）；一个是差分 FH 指数（differential outsourcing）。FH 系列指数后续被学者广泛采用（Antràs and Helpman，2003；Hijzen et al.，2005；Amiti and Wei，2005；Antràs et al.，2005；Helpman，2006；Baldwin，2006；徐毅和张二震，2008；盛斌和马涛，2008；钱学锋和陈勇兵，2009；Crinò，2010；Baldwin and Venables，2013；Becker et al.，2013；Kimura and Obashi，2016）。还有一部分学者基于 FH 指数构建了其他类似指标，如 Egger H 和 Egger P（2003）构建的国内总产出的进口中间品比重（share of imported intermediate input in gross domestic output，IIGO）指标及 Chen 等（2005）所使用的总进口中的中间品进口比重（share of imported intermediate input in total imports，IITM）指标。

微观层面的研究主要是在近几年企业数据和海关数据日渐完善的基础上而逐步发展起来的，主要方法是利用企业数据和海关数据匹配来计算一国企业出口的国内增加值含量（Upward et al.，2013；Kee et al.，2013；张杰等，2013；Ju and Yu，2015）。这类数据到达了企业层面，但匹配方面受限较大，研究范围只能限定在一国，无法全面反映国家之间的生产分割情况，但微观层面的研究仍是未来研究的重点。

3）基于投入产出数据

近年来国内外学者基于投入产出数据在国际生产分割的相关研究尤其是实证研究层面取得了较大进展。这类方法主要在可行的国际投入产出表出现之后，基于 TiVA 或贸易增加值（value-added in trade，VAiT）分解方法对一国出口增加值来源进行分解来分析国际生产分割特征。Feenstra 和 Hanson（1999）构建的 FH 指数也可以基于投入产出表数据来实现测度，但用其刻画国际生产分割的前提涉及的一个重要假设是进口中间品中的增加值全部来源于国外。实际上，随着生产分工越来越细，一个国家进口中间品并将其加工成半成品后又出口到国外的情况已非常普遍，基于这个假设构建的 FH 指数会高估国外增加值的比重，从而造成国际生产分割的高估。

Hummels 等（2001）提出的比较盛行的 HIY（Hummels、Ishii、Yi 提出的方法，简称为 HIY）方法仍沿袭这个假设。HIY 方法主要是基于对“垂直专业化”（vertical specialization，VS）的定义，即出口商品生产所使用的进口投入比重。这个定义进一步缩小了 FH 指数的范围，将其限定为出口产品的分割。HIY 方法的另外一个假设就是生产国内消费和出口的产品所使用的进口中间品的比重是按比例分配的，这种假定忽略了加工贸易的存在①，尤其在两个最大的加工贸易国家中国、墨西哥不再成立②，造成对出口产品国际生产分割水平的低估。第一个假设的放松依赖于里昂惕夫逆矩阵（Leontief，1936）的引入，利用多国投入产出数据对出口中间品和最终产品的增加值来源进行追溯和分解，区分国内和国外增加值部分（Wang et al.，2009；Vries et al.，2012；Johnson and Noguera，2012a；Wang et al.，2013；Mattoo et al.，2013；Koopman et al.，2014）；第二个假设的放松则依赖于考虑中国和墨西哥加工贸易出口特征的投入产出表的构建（Koopman et al.，2008，2012；Dean et al.，2011）。

Johnson 和 Noguera（2012a）结合投入产出和双边贸易数据，较好地克服了这两个关键假设，进一步推进 HIY 方法，提出了“VS”的替代指标，即增加值出口率（value-added export ratio，VAX ratio）指数。Johnson 和 Noguera（2012a）将

① 在加工贸易存在的情况下，政府为了拉动出口会实施一定程度的关税减免等优惠政策，这就鼓励了进口中间品会被更多甚至全部用于生产出口产品，是典型的“为出口而进口”的情形。

② 2003 年中国、墨西哥的加工贸易占据世界加工贸易总额的 85%（Koopman et al.，2010）。

在一国生产并被国外最终吸收的增加值定义为增加值出口（value-added export，VAX），增加值出口占出口比重，即 VAX ratio。VAX ratio 指数较好地解决了一国出口中间产品后又将其（以中间产品或最终产品）进口的增加值的归属问题（潘文卿等，2015），可以真实反映一国在出口产品中承担的生产环节，是“一个重要的并有吸引力的衡量全球生产中垂直专业化分工的反向指标，为这一领域的最新成就”（Antràs and chor，2013）。生产环节的国际分割引发的任务贸易或 TiVA，导致出口产品多重统计问题出现，这意味着总额贸易是国家之间实际增加值交易的倍数，因此这种多重统计的程度越高，即一国出口产品的 VAX ratio 指数越低，表示本国在国际生产中承担的环节越少，国际生产分割水平就越高（Johnson and Noguera，2012c），越容易形成专业化生产，实现规模经济。但 VAX ratio 概念却无法扩展到部门层面（Wang et al.，2013；王直等，2015），这是因为根据 VAX ratio 的定义，在部门层面，VAX 还包括了本部门生产的增加值通过中间投入关联依附于其他部门而间接出口的部分，即包括了国内生产分割的部分，无法准确衡量一国单部门的国际生产分割水平。王直等（2015）进一步区分了前向联系和后向联系的 VAX ratio 指数，但对两者之间的联系和区别表述的较少，未形成统一的分析框架。

1.3 全球生产与区域经济一体化

随着全球生产与国际生产分割相关研究的不断推进，一些研究实现了全球和单国甚至部门层面的国际生产分割的区域性特征的刻画。事实上，在过去的 40 年里，全球范围内的国际生产分割发生较大的变化：全球整体的增加值出口率下降了近 10 个百分点，制造业下降了近 20 个百分点；不同国家下降的幅度位于 0～25%，尤其是发展中国家下降的幅度最大；双边层面，距离较近或者采用同一个区域贸易协定的贸易伙伴国之间下降的幅度更大（Johnson and Noguera，2014）。尤其是双边国家之间表现出来的区域差异性吸引了很多学者的注意，得出的结论也莫衷一是。Estevadeordal 等（2013）研究发现亚洲区域和北美区域之间的区域内增加值比重较大，而区域外国外增加值比重相对较小。这说明这两个区域的生产分割主要在区域内部，区域内的生产分割大于区域外的生产分割。Baldwin 和 Lopez-Gonzalez（2015）也认为全球生产网络具有较强的区域性痕迹，与 Estevadeordal 等（2013）结论一致。事实上，区域一体化经济在过去的 20 年里得到快速发展，区域内产业关联性在不断强化。Los 等（2015）认为价值链在区域外的关联程度加强得更快，区域外的国际生产分割也强化得更快，GVCs 逐步由区域生产体系向“世界工厂”转化。

国际生产分割的地域分布特征与跨国公司国际化路径密切相关。在 20 世纪 70 年代，Johanson 和 Vahlne（1977）研究指出在企业国际化早期阶段，邻近的本土区域将起到非常重要的作用。这是因为跨境活动一般都沿着一条考虑心理邻近的经验学习和知识获得路径，在本土区域中国家、文化和制度的差异相对较小，国际化所面临的风险更小一些，这也强化了可降低外来者劣势的邻近因素（Eden and Miller，2001）。一些学者对世界 500 强跨国企业国际化活动的影响也验证了跨国企业活动的区域性分布（Rugman，2005；Piekkari et al.，2010）。这些跨国企业主要集中在三个主要区域：NAFTA、欧盟及亚洲地区。其中，北美国家的跨国企业在本土区域的销售额达到 77.2%，欧盟和亚洲也分别达到 62.8%和 74.3%（Rugman and Verbeke，2005）。同样的趋势在发展中国家的跨国企业商务活动中也得到类似体现（Narula，2012）：虽然都标榜自身是全球性企业，但这些企业中的大多数都是依赖本土区域来实现最初的扩张和增长（Collinson and Rugman，2007；Sethi and Judge，2009；Jormanainen and Koveshnikov，2010；McGuire et al.，2011）。这种区域性主要是由商务成本引起的，在本土区域市场的交易成本比距离更远的、差异更为显著的国家和区域更低，大大降低了外来者劣势（Suder et al.，2015）。

同时，一些行业或产品案例研究对理解国际生产分割的特征也得到许多有意义的启发。例如，对 iPhone 和汽车产业链国际生产分割研究发现，iPhone 价值链布局遍布中国、韩国、日本、德国和美国的 9 家公司（Xing and Detert，2010；邢予青和 Detert，2011），在全球范围内实现 iPhone 产品生产环节的分割（Linden et al.，2011；Dedrick et al.，2010）。同时，汽车生产商更倾向于将价值链末端的组装环节布局在离最终市场更近的区域，而零部件则环绕组装环节周围国家布局，形成了亚洲区域内分割的汽车生产链（Sturgeon et al.，2008）。同时还有墨西哥汽车产业链也仅仅在 NAFTA 区域分割（马涛，2015）。可以看到，不同国家、不同产业的国际生产分割特征呈现一定的异质性。

此外，本书还与邻近对国际贸易影响的相关研究有关。这些研究多基于引力模型。早期的文献集中研究地理距离与贸易总量之间的关系，一般认为地理距离增加会减少贸易量。Disdier 和 Head（2008）通过对 103 篇文献的 1467 个回归结果分析发现，贸易量对地理距离的回归系数稳健的位于［–1.55，–0.28］；地理距离对贸易量的负相关关系是在较多分歧的经济学领域最为成功、争议最少的结论之一（Leamer and Levinsohn，1995）。后来的研究开始关注地理距离影响贸易量的渠道：如地理距离与广度（extensive margin）的关系（Hillberry and Hummesl，2008；Chaney，2008；Crozet and Koenig，2010），地理距离与贸易价格的关系（Hummels and Skiba，2004；Kneller and Yu，2008；Manova and Zhang，2009），以及基于广度、价格和数量的贸易量三元分解的关系（Hummels and Klenow，2005；施炳展等，2012）。这些研究的思路和方法都为本书使用扩展的引力模型来进一步分析邻近对国际生产分割的影响提供了良好借鉴。

1.4 本章小结

我们看到很多经济学者对国际生产分割的产生、相关概念、测度的数据和方法及特征等方面从宏观、微观及案例层面都做了非常详尽的研究和分析。但应看到，第一，不同研究对国际生产分割的研究采用了不同的词汇，存在概念上的混乱，同时这也是不同研究选择不同统计方法及工具进行测度的结果，反映了对国际生产分割概念进行清晰界定的必要性，同时也是建立科学合理指标的本质需要。第二，在数据选择上主要分为微观的跨国企业或产品案例数据、可加总的贸易数据及宏观产业层面的国家或者跨国投入产出数据等类型。我们看到，基于单个产品或单个企业的案例分析受到研究范围的限制，不具有普遍代表性；而仅仅基于贸易数据，无法揭示产业间生产网络在价值链分割中的作用，而且无法避免多重统计的问题；使用投入产出表尤其是国际投入产出表，更多地考虑了产业间或者企业间的生产投入关联，避免了单独使用企业或产品案例分析及贸易数据的不足。第三，仍需对国际生产分割的测度方法进行更深入的探讨，案例分析受到样本范围的限制，无法代表一国的整体分割特征，而且案例分析大多基于功能链条维度的分割，即根据在价值链研发、设计、营销等功能环节的利润分配规律来研究分割，过于片面化，仍然不够细致。事实上，国际分割已经非常细化，在新型国际生产体系下，一国可能只专注于单个产品生产制造环节的某一非常细化的工序，考虑基于产品生产链条的分割或许更为重要。宏观层面研究相对微观层面考虑了产品生产链条的国际分割，数据较为翔实，方法也更为成体系。但宏观层面的研究大都基于区域经济一体化的整体层面，对一国甚至部门层面的国际生产分割特征的刻画在理论和数据上都显得力不从心。因此，从全球生产网络视角来对生产和贸易的国际垂直分割进行数量化分析是一个挑战，需要科学和合理的测度数据和测度工具，而本书是一个尝试。另外，现有研究不论在微观还是宏观层面对价值链国际生产分割呈现的地域异质性特征仍然没有一致性的结论，需要进一步的讨论。本书也将试图做出回答，对国际生产分割呈现的区域性特征及决定因素做更加深入的探讨。

本书主要是在参阅大量国内外有关国际生产分割理论与实证研究文献的基础上，向前迈出了一小步。

（1）借鉴和改进 Johnson 和 Noguera（2012a，2012c）关于 VAX ratio 的概念，构建反映一国整体和行业层面的国际生产分割综合理论分析框架。该综合分析框架对以往研究具有以下几点重要推进：第一，识别了 Johnson 和 Noguera（2012a，2012c）关于 Vax ratio 中的国内生产分割部分和国际生产分割部分，并基于后向联系的概念构建了国际生产分割指标，弥补了 VAX ratio 分析指标无法剔除国内生产分割的缺陷；第二，将宏观层面研究方法扩展到了单国行业层面，实现了单国部门双边层面的国际生产分割分析；第三，提供了一个量化评估手段，并给出了多国、多部门情形下的计算公式，使准确刻画一国国际生产分割特征成为可能。

（2）构建了国际生产分割地域特征的理论分析机制，并基于出口产品类型和出口产品结构效应两个角度对区域内和区域外国际生产分割指数变化进行分解，从不同角度识别了其地域特征变化机制。本书尝试为国际生产分割呈现的地域特征提供新的分析方法，通过对单国区域内和区域外国家国际生产分割差异和变化机制的考察，建立起国际生产分割的地域特征分析框架。一方面，本书研究了过去近 20 年跨国公司如何组织价值链及如何从事贸易和投资活动，同时也提供了一种新的方法和视角来更好地理解区域经济一体化背后的驱动力量，这种基于全球生产网络视角的分析为国际商务和经济地理学者研究区域一体化动态变化的背后机理提供了良好的借鉴和启示；另一方面，对生产国际化区域特征的识别及变化机制的研究也大大扩展了在全球化力量驱动下区域经济一体化及其地域特征逐步强化的经济学解释。

（3）将引力模型引入到国际生产分割的影响因素分析当中，进一步扩展了引力模型。传统的贸易引力模型由于在估计贸易流量中具有较好的稳定性，已经被广泛应用在经济规模、福利和产业结构等影响估计模型中，本书尝试将贸易引力模型引入到国际生产分割对距离的弹性估计中，构建了基于国际生产分割的扩展引力模型，来估计距离对国际生产分割的影响，以实证检验国际生产分割在双边呈现的地域特征。

2　全球生产网络下国际生产分割测度理论分析框架

2.1　国际生产分割测度的传统方法

国内外学者对国际生产分割进行了诸多研究，一些微观和宏观的方法和指标相继被提出来测度国际生产分割。Formentini 和 Iapadre（2008）对这些方法进行了总结，这些指标包括外包指数、垂直分工度指数等。

2.1.1　外包指标

最常用的外包指标由 Feenstra 和 Hanson（1996）首先提出，被定义为“总投入（不包括能源投入）成本中的进口中间品投入比例”。表示为如式（2.1）所示的形式：

$$\mathrm{FH}=\frac{\sum_i\sum_j \mathrm{im}_{ji}}{\sum_i\sum_j (d_{ji}+\mathrm{im}_{ji})} \tag{2.1}$$

其中，im_{ji} 表示 i 行业从国外 j 行业（不包括能源行业）进口的中间品投入；d_{ji} 表示 i 行业从国内 j 行业（不包括能源行业）购买的中间品投入。式（2.1）也被称为广义外包指数。

Feenstra 和 Hanson（1999）在此基础上提出了两个相关指标：狭义外包指数和差分外包指数。狭义外包指数将外包指数的分子限定在同一行业，即只计算来自国外同一行业的中间品进口，这是因为 Feenstra 和 Hanson（1999）认为生产分割仅仅发生在同一行业内部不同环节之间。而差分外包指数则主要刻画广义外包指数与狭义外包指数的差异。很明显，狭义外包指数忽略了从相关行业购买中间品这一重要信息，该行业进行加总计算容易造成低估的风险。同时外包指数的计算也依赖于进口中间品的统计，传统的做法是利用中间品数据和贸易数据进行匹配。但这种方法饱受诟病，一个最主要的原因是这种方法采取了非常严格的假设，即制造业行业生产国内消费品和出口产品时会采用同等比例的进口中间品。

Egger H 和 Egger P（2003）提出了一个替代性指数 IIGO。表示如下：

$$\mathrm{IIGO}=\frac{\sum_i\sum_j \mathrm{im}_{ji}}{\sum_i y_i} \tag{2.2}$$

其中，y_i 表示 i 行业总产出。由于分子相同，IIGO 指数的分母是产出，包括中间品投入和增加值，因此与 FH 指数相比，IIGO 取值更小一些。但不论 FH 指数还是 IIGO 指数，由于大国的产出及国内中间品体量更大一些，在跨国比较时这两个指标都存在或多或少的缺陷。Yeats（1999）提出了一个类似的也被广泛应用的外包指数，即 IITM，表示为

$$\mathrm{IITM}=\frac{\sum_i\sum_j \mathrm{im}_{ji}}{\sum_j M_j} \tag{2.3}$$

其中，M_j 表示从国外 j 行业的总进口。值得注意的是式（2.3）只能在加总水平上计算。

2.1.2 垂直专业化指标

我们看到，外包指标主要度量的是国内生产产出的国外增加值含量，但国际生产分割往往发生在出口产品当中，一国的产出尤其是中间品产出往往也是他国生产所需的投入。基于此，Hummels 等（1998，2001）提出了基于垂直专业化分工的度量国际生产分割的方法。VS 表示出口当中的进口中间品含量。对 i 行业而言

$$\mathrm{VS}_i=\frac{\sum_j \mathrm{im}_{ji}}{y_i}E_i \tag{2.4}$$

其中，E_i 表示 i 行业的总出口。在国家层面上加总，可以得到

$$\mathrm{VS}=\sum_i\frac{\sum_j \mathrm{im}_{ji}}{y_i}E_i \tag{2.5}$$

VS 指数实现了产业和国家整体层面的度量，但 VS 指数仍未克服 FH 指数的缺陷，即认为进口中间品中的增加值全部来源于国外，这会造成国际生产分割的高估问题；同时，VS 指数还忽略了加工贸易的问题。

2.1.3　基于跨国公司活动的度量指标

由于跨国公司是国际生产分割的主要参与者，一部分研究学者和机构采用跨国公司子公司与母公司之间的经济活动关联来度量国际生产分割，最具代表性的是 OECD 手册（2005 年）根据跨国公司的外派机构、子公司占母公司的增加值和产出比重构建了国际生产分割指标：

$$\mathrm{IFP\_MNS\_Va}^s = \sum_{r=1}^{G} \mathrm{MNS\_Va}^{sr} / \mathrm{MNS\_Va}^s \tag{2.6}$$

$$\mathrm{IFP\_MNS\_}y^s = \sum_{r=1}^{G} \mathrm{MNS\_}y^{sr} / \mathrm{MNS\_}y^s \tag{2.7}$$

其中，$\mathrm{IFP_MNS_Va}^s$表示以 S 国跨国公司增加值计算的 S 国国际生产分割指标；$\mathrm{IFP\_MNS\_}y^s$ 表示以 S 国跨国公司产出计算的 S 国国际生产分割指标；$\sum_{r=1}^{G}\mathrm{MNS\_Va}^{sr}$ 、$\sum_{r=1}^{G}\mathrm{MNS\_}y^{sr}$ 分别表示 S 国跨国公司所有外派机构、子公司增加值和产出的总和，$\mathrm{MNS\_Va}^s$ 、$\mathrm{MNS\_}y^s$ 分别表示 S 国跨国公司增加值和产出的总和。

相对而言，利用加工贸易行业的数据研究则稍显丰富，基于加工贸易数据的国际生产分割主要是基于再出口和再进口的中间品分别占总进口中间品和总出口中间品的比重构建：

$$\mathrm{IFP}^s_{\mathrm{rex}} = \sum_{r=1}^{G} \mathrm{ex}^{sr}_{\mathrm{re}} / \mathrm{im}^s \tag{2.8}$$

$$\mathrm{IFP}^s_{\mathrm{rem}} = \sum_{r=1}^{G} \mathrm{im}^{sr}_{\mathrm{re}} / \mathrm{ex}^s \tag{2.9}$$

其中，$\mathrm{IFP}^s_{\mathrm{rex}}$ 、$\mathrm{IFP}^s_{\mathrm{rem}}$ 分别表示以再进口和再出口计算的 S 国国际生产分割指标；$\sum_{r=1}^{G}\mathrm{ex}^{sr}_{\mathrm{re}}$ 、$\sum_{r=1}^{G}\mathrm{im}^{sr}_{\mathrm{re}}$ 分别表示 S 国再出口到所有国家的中间品和从所有国家再进口的中间品总和；ex^s 、im^s 分别表示 S 国中间品出口和进口总和。

2.2　全球生产研究的新趋势

随着基于全球生产网络的 GVCs 分解方法的提出和不断完善，对国际生产分割新的测度方法和指标的构建主要基于增加值贸易分解思路和方法来进行。因此，本节将分别基于宏观产业和微观企业层面两个视角介绍基于增加值来源追溯生产环节的全球价值链分解方法。

2.2.1 国家整体和部门层面全球价值链分解

根据分解方法的不同，Johnson 和 Noguera（2012a）及 Koopman 等（2014）基于投入产出模型分别提出了基于产业和国家整体层面的宏观全球价值链分解方法。前一种是基于最终产品的分解，后一种主要基于贸易流的分解。

2.2.1.1 基于最终产品的分解

假设世界上有 G 个国家，每个国家有 N 个部门，每个国家的一个部门只生产一系列可贸易产品 K，K 产品既可以作为最终消费品，也可以作为中间投入品，但无论是作为中间品还是最终产品都是事先无法预知的，只有被进口国投入到生产中才能确定为中间产品。K 产品的生产需要一系列本国和外国中间品投入和本国生产要素投入，产品可以作为最终消费品被消费或作为其他产品的中间投入品。我们用 S 来表示本国，R 表示外国，那么 S 国 i 部门生产的作为最终消费品被 R 国消费的数量为 $K_i^{sr}(c)$；作为中间品被投入到 R 国 j 部门的数量为 $K_{ij}^{sr}(m)$。对于 S 国 i 部门的产出数量 K_i^s 得到

$$K_i^s = \sum_r^G K_i^{sr}(c) + \sum_r^G \sum_j^N K_{ij}^{sr}(m) \tag{2.10}$$

式（2.10）两边同乘以价格 P，可以得到

$$y_i^s = \sum_r^G f_i^{sr} + \sum_r^G \sum_j^N m_{ij}^{sr} \tag{2.11}$$

其中，y_i^s 表示 S 国 i 部门生产的产品价值，即部门总产出；f_i^{sr} 表示 R 国对 S 国 i 部门的产品消费支出；m_{ij}^{sr} 表示 R 国 j 部门对 S 国 i 部门提供的中间品的购买支出。定义 S 国 i 部门对 R 国的出口为 E_i^{sr}，则

$$E_i^{sr} = y_i^{sr} = f_i^{sr} + \sum_j^N m_{ij}^{sr} \tag{2.12}$$

进一步将式（2.11）改写为矩阵形式，在世界市场出清状态时：

$$y = Ay + f \tag{2.13}$$

其中，y 表示世界产出矩阵；A 表示中间品投入占产出之比；f 表示最终消费，即

$$y = (1 - A)^{-1} f \tag{2.14}$$

即可得到出口的矩阵分解式（2.15）①：

$$\begin{bmatrix} y^{1r} \\ y^{2r} \\ \vdots \\ y^{sr} \end{bmatrix} \equiv (I - A)^{-1} \begin{bmatrix} f_1^r \\ f_2^r \\ \vdots \\ f_n^r \end{bmatrix} \tag{2.15}$$

其中，y^{sr} 表示来源于 S 国创造的被用来制造为最终产品并被 R 国最终吸收的增加值 $n\times 1$ 向量，且 $y^{sr} = \begin{bmatrix} y_1^{sr} \\ y_i^{sr} \\ \vdots \\ y_n^{sr} \end{bmatrix}$。

进一步，S 国 i 部门增加值率可表示为 $r_i^s = 1 - \sum_r \sum_j A_{ji}^{rs}$，因此，得到 S 国 i 部门创造的并嵌入到 R 国最终消费的 VAX 为 $\text{Va}_i^{sr} \equiv r_i^s y_i^{sr}$。

可以看到，基于 VAX 的分解，主要是将世界所有国家生产的最终产品产出分解为被单个国家最终消费的关系等式。在这种情况下，我们不再关心生产的中间品经过多少中转国家才最终被生产成消费品，也不用关心一个国家出口转进口的重复计算，我们只关心本国生产的依附于最终消费产品的增加值最后被哪个国家消费，这一部分将被记为对最终消费国的 VAX。

2.2.1.2　基于贸易流量的分解

Koopman 等（2014）提出一个新的基于贸易流量分解的全球价值链分解方法，其将一国总值贸易流分解为 9 个部分，分别为增加值出口、返回的国内增加值、国外增加值及重复计算的部分等。Wang 等（2013）和王直等（2015）在其基础上进一步将总值贸易流分解扩展到部门、双边和双边部门层面，并根据贸易品的价值来源、最终吸收地和吸收渠道不同，区分为 16 种不同路径，建立了一个新的全球价值链分解框架。

---

① 具体推导过程见 Johnson 和 Noguera（2012a）。

图 2.1 展示了 Koopman 等（2014）对一国总值贸易流量 9 部分的分解①。其中国外增加值（foreign value added，FVA）部分相当于 Hummels 等（1998，2001）提出的 VS 指数。可以看到这种方法巧妙地将总值出口流量根据增加值来源进行追溯，实现了贸易流的完全分解，避免了进口中间品包含国内增加值而造成的高估问题。但 Koopman 等（2014）的贸易分解方法仅仅停留在国家整体层面。

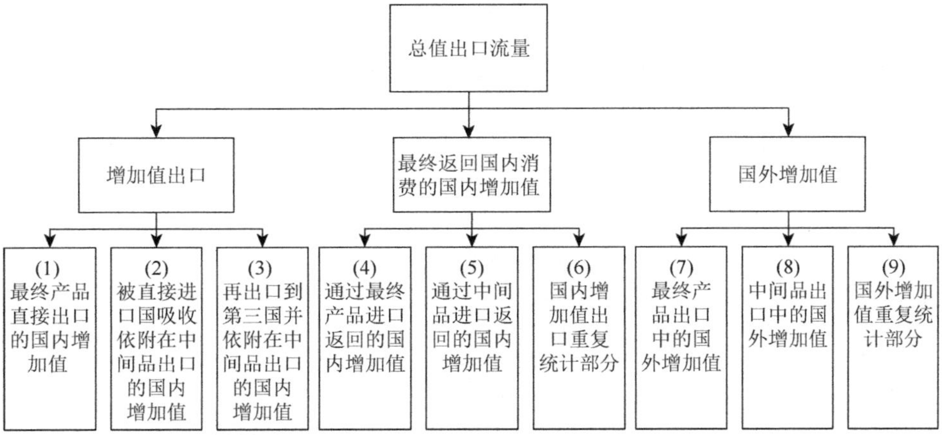

图 2.1 对总值贸易流的 9 部分全球价值链分解

资料来源：Koopman 等（2014）

1. 增加值出口等于（1）+（2）+（3）；2. 出口拉动 GDP 等于（1）+（2）+（3）+（4）+（5）；3. 出口国内增加值含量等于（1）+（2）+（3）+（4）+（5）+（6）

图 2.2 展示了一国部门层面总值贸易流量 16 部分的分解②。这种方法更为具体、细致，实现了部门层面贸易流的完全分解，为部门层面的增加值核算提供了一个更为系统的框架。

① 具体推导见 Koopman 等（2014）。本书直接给出三国情形下的矩阵分解公式，$E^{sr}=\underbrace{(V^sB^{ss})^{\mathrm{T}}\#F^{sr}}_{(1)}+\underbrace{(V^sL^{ss})^{\mathrm{T}}\#A^{sr}B^{rr}F^{rr}}_{(2)}+\underbrace{(V^sL^{ss})^{\mathrm{T}}\#A^{sr}B^{ru}F^{uu}}_{(3)}+\underbrace{(V^sL^{ss})^{\mathrm{T}}\#A^{sr}B^{rr}F^{ru}}_{(4)}+\underbrace{(V^sL^{ss})^{\mathrm{T}}\#A^{sr}B^{ru}F^{ur}}_{(5)}+\underbrace{(V^sL^{ss})^{\mathrm{T}}\#A^{sr}B^{rr}F^{rs}}_{(6)}+\underbrace{(V^sL^{ss})^{\mathrm{T}}\#A^{sr}B^{ru}F^{us}}_{(7)}+\underbrace{(V^sL^{ss})^{\mathrm{T}}\#A^{sr}B^{rs}F^{ss}}_{(8)}+\underbrace{(V^sL^{ss})^{\mathrm{T}}\#[A^{sr}B^{rs}(F^{sr}+F^{su})]}_{(9)}+\underbrace{(V^sB^{ss}-V^sL^{ss})^{\mathrm{T}}\#A^{sr}X^{r}}_{(10)}+\underbrace{(V^rB^{rs})^{\mathrm{T}}\#F^{sr}}_{(11)}+\underbrace{(V^rB^{rs})^{\mathrm{T}}\#A^{sr}L^{rr}F^{rr}}_{(12)}+\underbrace{(V^rB^{rs})^{\mathrm{T}}\#A^{sr}L^{rr}E^{r*}}_{(13)}+\underbrace{(V^uB^{us})^{\mathrm{T}}\#F^{sr}}_{(14)}+\underbrace{(V^uB^{us})^{\mathrm{T}}\#A^{sr}L^{rr}F^{rr}}_{(15)}+\underbrace{(V^uB^{us})^{\mathrm{T}}\#A^{sr}L^{rr}E^{r*}}_{(16)}$，为保持统一，公式中以 F 表示最终产品价值，第三国为 U 国。

② 具体推导过程见 Wang 等（2013）和王直等（2015）。本书也直接给出三国情形下的矩阵分解公式，为保持统一，公式中以 F 表示最终产品价值；第三国为 U 国；上标 T 表示转置；#表示矩阵点乘；L 表示局部里昂惕夫逆矩阵。下文同。

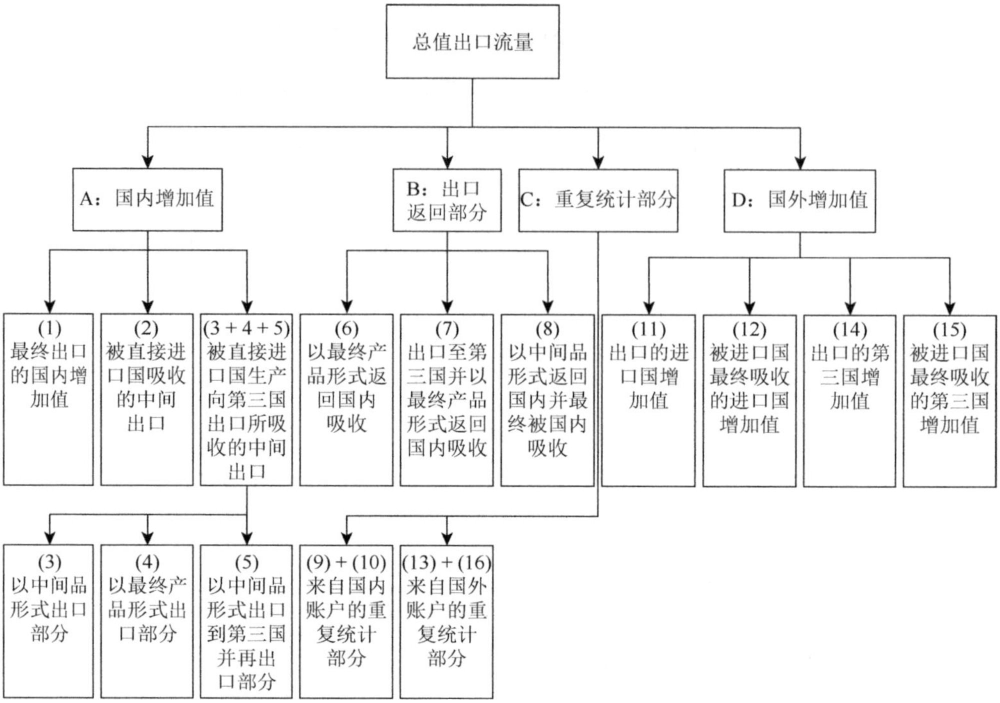

图 2.2　对部门总值贸易流的 16 部分全球价值链分解

资料来源：Wang 等（2013）

2.2.2　微观企业层面全球价值链分解

由于无法建立企业层面的投入产出关联，微观企业层面对国际生产分割的测度主要是利用企业生产数据和贸易数据得到企业的DVAR，比较有代表性的是Kee和 Tang（2016）基于中国企业调查数据和海关数据对中国加工贸易企业 DVAR 度量的方法。

对企业 i，基于企业会计恒等式，可以得到

$$\mathrm{PY}_i \equiv \pi_i + \omega L_i + rK_i + P^D M_i^D + P^I M_i^I \tag{2.16}$$

其中，PY_i 表示企业总收入，等于利润（π_i）、工资（ωL_i）、资本报酬（rK_i）、国内材料成本（$P^D M_i^D$）及进口材料成本（$P^I M_i^I$）之和。由于国内材料成本中可能包括进口的国外增加值（δ_i^I）部分及国外材料成本中可能含有的国内增加值部分（δ_i^D），对这两项成本进行进一步的区分处理，得到国内增加值部分：

$$\mathrm{DVA}_i \equiv \pi_i + \omega L_i + rK_i + q_i^D + \delta_i^D \tag{2.17}$$

其中，$q_i^D \equiv P^D M_i^D - \delta_i^I$ 表示国内材料成本中的纯国内增加值部分。对加工贸易企业来说，其收入等于其出口价值。考虑到加工贸易企业的进口资本（δ_i^K），由式（2.16）和式（2.17）可以得到

$$\mathrm{DVA}_i \equiv (E_i - \mathrm{IMP}_i) + \delta_i^D - \delta_i^I + \delta_i^K \tag{2.18}$$

式（2.18）即为加工贸易企业的出口国内增加值计算公式。对式（2.18）进行计算需要处理恒等式右侧三个调节变量。Kee 和 Tang（2016）给出了一个一般性的解决方案：$\delta_i^D \to 0$；$\delta_i^K = 0.15$。进一步构建了企业DVAR 的计算公式：

$$\mathrm{DVAR}_i \equiv 1 - \frac{P^I M_i^I}{\mathrm{PY}_i} - \frac{\delta_i^I}{E_i} \tag{2.19}$$

对 $\frac{\delta_i^I}{E_i}$ 处理主要根据部门层面的投入产出数据进行相应年份的估计，并采用上游行业普通进口商数量的增长率作为权重进行加权得到估计值来替代 $\frac{\delta_i^I}{E_i}$（Brandt et al.，2012），估计值的取值范围约在 0.4%～5.7%[①]。但由于普通出口企业的产品同时满足出口和国内消费，利用式（2.19）无法准确度量普通出口企业的 DVAR。

2.3 基于全球生产网络的国际生产分割测度分析框架

基于世界投入产出模型，本书将构建一个反映部门层面国际生产分割理论的分析框架，该理论框架囊括了部分以往研究成果。

2.3.1 两国两部门模型

首先构建包括两个国家（s、r）、两个部门（i、j）的投入产出模型，两国均包含产品部门 i 和服务部门 j，其中，S 国表示本国，R 国表示外国（以下同），如表 2.1 所示。

① 具体处理过程见 Kee 和 Tang（2016）。

表 2.1　两国两部门世界投入产出基础模型

项目		中间投入				最终产品		总出口	总产出
		国家 S		国家 R		国家 S	国家 R		
		部门 i	部门 j	部门 i	部门 j	—	—		
国家 S	部门 i	M_{ii}^{ss}	M_{ij}^{ss}	M_{ii}^{sr}	M_{ij}^{sr}	f_i^{ss}	f_i^{sr}	E_i^{sr}	Y_i^s
	部门 j	M_{ji}^{ss}	M_{jj}^{ss}	M_{ji}^{sr}	M_{jj}^{sr}	f_j^{ss}	f_j^{sr}	E_j^{sr}	Y_j^s
国家 R	部门 i	M_{ii}^{rs}	M_{ij}^{rs}	M_{ii}^{rr}	M_{ij}^{rr}	f_i^{rs}	f_i^{rr}	E_i^{rs}	Y_i^r
	部门 j	M_{ji}^{rs}	M_{jj}^{rs}	M_{ji}^{rr}	M_{jj}^{rr}	f_j^{rs}	f_j^{rr}	E_j^{rs}	Y_j^r
总投入	—	X_i^s	X_j^s	X_i^r	X_j^r	—	—	—	—
增加值	—	Va_i^s	Va_j^s	Va_i^r	Va_j^r	—	—	—	—

根据表 2.1，对 S 国，增加值率矩阵 $V^s=[v_i^s \quad v_j^s]=[\mathrm{Va}_i^s/Y_i^s \quad \mathrm{Va}_j^s/Y_j^s]$，最终产品矩阵 $F^s=[f_i^s \quad f_j^s]^{\mathrm{T}}=[f_i^{ss}+f_i^{sr} \quad f_j^{ss}+f_j^{sr}]^{\mathrm{T}}$；对 R 国，$V^r=[v_i^r \quad v_j^r]=[\mathrm{Va}_i^r/Y_i^r \quad \mathrm{Va}_j^r/Y_j^r]$，$F^r=[f_i^r \quad f_j^r]^{\mathrm{T}}=[f_i^{rs}+f_i^{rr} \quad f_j^{rs}+f_j^{rr}]^{\mathrm{T}}$。根据里昂惕夫逆矩阵性质对部门层面最终产品进行分解①，得到

$$
\begin{aligned}
\hat{V}B\hat{F}&=\begin{bmatrix} v_i^s & 0 & 0 & 0 \\ 0 & v_j^s & 0 & 0 \\ 0 & 0 & v_i^r & 0 \\ 0 & 0 & 0 & v_j^r \end{bmatrix}\begin{bmatrix} b_{ii}^{ss} & b_{ij}^{ss} & b_{ii}^{sr} & b_{ij}^{sr} \\ b_{ji}^{ss} & b_{jj}^{ss} & b_{ji}^{sr} & b_{jj}^{sr} \\ b_{ii}^{rs} & b_{ij}^{rs} & b_{ii}^{rr} & b_{ij}^{rr} \\ b_{ji}^{rs} & b_{jj}^{rs} & b_{ji}^{rr} & b_{jj}^{rr} \end{bmatrix}\begin{bmatrix} f_i^s & 0 & 0 & 0 \\ 0 & f_j^s & 0 & 0 \\ 0 & 0 & f_i^r & 0 \\ 0 & 0 & 0 & f_j^r \end{bmatrix} \\
&=\begin{bmatrix} v_i^s b_{ii}^{ss} f_i^s & v_i^s b_{ij}^{ss} f_j^s & v_i^s b_{ii}^{sr} f_i^r & v_i^s b_{ij}^{sr} f_j^r \\ v_j^s b_{ji}^{ss} f_i^s & v_j^s b_{jj}^{ss} f_j^s & v_j^s b_{ji}^{sr} f_i^r & v_j^s b_{jj}^{sr} f_j^r \\ v_i^r b_{ii}^{rs} f_i^s & v_i^r b_{ij}^{rs} f_j^s & v_i^r b_{ii}^{rr} f_i^r & v_i^r b_{ij}^{rr} f_j^r \\ v_j^r b_{ji}^{rs} f_i^s & v_j^r b_{jj}^{rs} f_j^s & v_j^r b_{ji}^{rr} f_i^r & v_j^r b_{jj}^{rr} f_j^r \end{bmatrix}
\end{aligned} \tag{2.20}
$$

① 里昂惕夫逆矩阵的经济学含义可表示为最终需求产出对增加值的诱发效应，分为直接效应和间接效应。当 1 单位最终产品生产出来时，就产生了第一轮的增加值，这是直接诱发的增加值；生产 1 单位的最终产品，需要中间产品投入，中间投入产品的生产同样诱发增加值，这是第二轮的诱发效应，也是间接诱发，同样，中间产品的生产需要其他中间产品投入，这样又会诱发第三轮的增加值，同样属于间接诱发效应。因此，得到最终产品对增加值的诱发为直接诱发效应和间接诱发效应之和，用公式表示为 $I=V+VA+VAA+VAAA+\cdots=V(I+A+A^2+A^3+\cdots)=V(I-A)^{-1}=\mathrm{VB}$ 当且仅当矩阵 A 满秩时，里昂惕夫逆矩阵存在（Miller and Blair，2009）。VB 为增加值乘数。

其中，$\hat{V}$ 表示增加值率 V 的对角化矩阵；$\hat{F}$ 表示最终产品 F 的对角化矩阵；B 表示里昂惕夫逆矩阵且 $B=[I-A]^{-1}$，其中，A 表示投入产出系数矩阵，A 矩阵每个元素等于相应中间投入与总产出比值。式（2.20）给出两国两部门情形下最终需求分解结果，每一元素表示一国单部门最终产品生产所诱发的增加值。对于第一行第一列元素 $v_i^s b_{ii}^{ss} f_i^s$，表示 S 国 i 部门最终产品生产诱发的本国 i 部门的增加值；第一行第二列元素 $v_i^s b_{ij}^{ss} f_j^s$ 表示 S 国 j 部门通过中间品关联诱发的本国 i 部门的增加值；第一行第三列和第四列元素 $v_i^s b_{ii}^{sr} f_i^r$ 与 $v_i^s b_{ij}^{sr} f_j^r$ 分别表示 R 国 i 和 j 部门通过中间品关联诱发的 S 国 i 部门的增加值。反过来，式（2.20）分解矩阵第一行元素也表示 S 国 i 部门的所有增加值下游延伸的流向，分别延伸到本国和 R 国的两个部门的最终产品中，对最终产品根据是否出口进行划分，可得到 S 国 i 部门所有增加值国内和出口流向，即

$$\begin{aligned}\mathrm{Va}_i^s &= v_i^s b_{ii}^{ss} f_i^s + v_i^s b_{ij}^{ss} f_j^s + v_i^s b_{ii}^{sr} f_i^r + v_i^s b_{ij}^{sr} f_j^r = v_i^s b_{ii}^{ss}(f_i^{ss}+f_i^{sr}) + v_i^s b_{ij}^{ss}(f_j^{ss}+f_j^{sr}) \\ &\quad + v_i^s b_{ii}^{sr}(f_i^{rs}+f_i^{rr}) + v_i^s b_{ij}^{sr}(f_j^{rs}+f_j^{rr}) = \underbrace{v_i^s b_{ii}^{ss} f_i^{ss} + v_i^s b_{ij}^{ss} f_j^{ss}}_{\text{未出口}} \\ &\quad + \underbrace{v_i^s b_{ii}^{ss} f_i^{sr} + v_i^s b_{ij}^{ss} f_j^{sr}}_{\text{最终产品出口}} + \underbrace{v_i^s b_{ii}^{sr} f_i^{rs} + v_i^s b_{ij}^{sr} f_j^{rs}}_{\text{中间品形式出口又返回到国内吸收}} + \underbrace{v_i^s b_{ii}^{sr} f_i^{rr} + v_i^s b_{ij}^{sr} f_j^{rr}}_{\text{中间品形式出口并最终被}R\text{国吸收}}\end{aligned} \tag{2.21}$$

由式（2.21）可知本国单个部门增加值根据下游延伸流向可分解为未出口和出口部分。其中出口部分又分解为三个部分：以最终产品形式经本部门和 j 部门出口并在 R 国最终被吸收的部分（$v_i^s b_{ii}^{ss} f_i^{sr} + v_i^s b_{ij}^{ss} f_j^{sr}$）；以中间品形式出口并在 R 国制造为最终产品返回到国内被吸收的部分（$v_i^s b_{ii}^{sr} f_i^{rs} + v_i^s b_{ij}^{sr} f_j^{rs}$）；以中间品形式出口并在 R 国制造为最终产品被吸收的部分（$v_i^s b_{ii}^{sr} f_i^{rr} + v_i^s b_{ij}^{sr} f_j^{rr}$）。我们看到，$S$ 国 i 部门增加值被 R 国最终吸收的部分为式（2.21）的第二部分（最终产品出口部分）和第四部分（中间品形式出口并最终被 R 国吸收的部分），Johnson 和 Noguera（2012a）将这两部分定义为 VAX，即一国单部门生产的被另一国吸收的增加值总和，并把 VAX 与本部门出口比值定义为增加值出口率 VAX ratio[①]。

① 注意，VAX（增加值出口）与前文中的增加值（Va）是不同的概念，后者表示的是一国或一个部门总产出中创造增加值，总产出与总投入之差；与此相对应的是 VAX ratio（增加值出口率）与式（2.20）中的 $\hat{V}$（增加值率）也是不同的概念，后者表示一国或部门的增加值与总产出之比，反映的是的一国或部门的生产技术水平的高低，当然两者之间也有紧密的联系。

VAX ratio 是一个有用而且重要的指标。本书也将基于这一指标来构建国际生产分割相关指标。由 VAX 的定义及式（2.21）可得 S 国 i 部门增加值出口及增加值出口率计算公式：

$$\mathrm{VAX}_i^s=(v_i^s b_{ii}^{ss} f_i^{sr}+v_i^s b_{ij}^{ss} f_j^{sr})+(v_i^s b_{ii}^{sr} f_i^{rr}+v_i^s b_{ij}^{sr} f_j^{rr}) \tag{2.22}$$

$$\mathrm{VAX\ ratio}_i^s=\frac{\mathrm{VAX}_i^s}{E_i^s} \tag{2.23}$$

而式（2.21）第三部分（$v_i^s b_{ii}^{sr} f_i^{rs}+v_i^s b_{ij}^{sr} f_j^{rs}$，中间品形式出口又返回到国内吸收的部分）虽然也经过出口，但由于最终被国内吸收，并不属于增加值出口部分。根据式（2.21）的分析，结合式（2.22），显然，VAX 既包括了依附于最终产品中的出口，也包括了依附于中间品中的出口；同时既包括了通过本部门直接出口的部分，也包括了通过本国其他部门出口而间接出口的部分。以中国电气与电子器材部门的 VAX 为例，一方面，依附在最终产品电子终端设备和中间品包括晶体管及其他零部件中出口；另一方面，依附在本部门的最终产品和中间品中，也可能依附在其他部门，如交通运输部门汽车的出口中（作为汽车的电子零部件）。

以上对最终产品进行分解来追溯增加值，主要是基于下游延伸的概念，表示一国单部门产业增加值的最终流向。Wang 等（2013）将这种分解方式归纳为前向联系（forward linkages）或供应者视角（supply-side perspective）[①]。本书延续 Wang 等（2013）的做法，将式（2.22）、式（2.23）改写为

$$\mathrm{VAX\_F}_i^{sr}=(v_i^s b_{ii}^{ss} f_i^{sr}+v_i^s b_{ij}^{ss} f_j^{sr})+(v_i^s b_{ii}^{sr} f_i^{rr}+v_i^s b_{ij}^{sr} f_j^{rr}) \tag{2.24}$$

$$\mathrm{VAX\_F\ ratio}_i^{sr}=\frac{\mathrm{VAX\_F}_i^{sr}}{E_i^s} \tag{2.25}$$

根据式（2.24）及之前分析，基于前向联系计算的 S 国 i 部门 VAX，一部分主要依附在本部门和 j 部门最终产品出口中，另一部分依附在本部门中间产品出口中。事实上，以上分解过程只是实现了最终产品分解，而忽略了本国中间品出口流向分解，这就掩盖了一些重要信息：随着生产分工越来越细，S 国 i 部门增加

① 基于前向联系或供应者视角在计算间接增加值出口时，计算的是隐含于其他部门出口中的该部门增加值被国外吸收的部分，与本部门出口并没有关系（Wang et al.，2013）。

值根据国内投入产出关联依附在 j 部门中间品产品出口的比重也越来越大（不可否认的是，如钢铁产业增加值依附在汽车发动机及其他机械设备和运输设备等部门的中间品出口比重是很大的），而在之前的分解工作中并没有被体现出来。因此，需要对各部门中间品出口路径实现更细程度的分解，才能全面理解 S 国 i 部门增加值出口流向。而这依赖于利用里昂惕夫逆矩阵的基本性质来实现对两国两部门中间品出口矩阵的分解。

根据式（2.21）和式（2.24）可得到 S 国 j 部门的 VAX 公式：

$$\mathrm{VAX\_F}_j^{sr} = (v_j^s b_{jj}^{ss} f_j^{sr} + v_j^s b_{ji}^{ss} f_i^{sr}) + (v_j^s b_{jj}^{sr} f_j^{rr} + v_j^s b_{ji}^{sr} f_i^{rr}) \tag{2.26}$$

同样，式（2.26）的各项也有与式（2.24）相类似的经济学含义。根据式（2.24）和式（2.26），可以得到两国两部门情形下基于前向联系的 VAX 及 VAX ratio 矩阵计算公式①：

$$\begin{bmatrix} \mathrm{VAX\_F}_i^{sr} \\ \mathrm{VAX\_F}_j^{sr} \end{bmatrix} = [v_i^s \quad v_j^s]^{\mathrm{T}} \# \begin{bmatrix} b_{ii}^{ss} & b_{ij}^{ss} \\ b_{ji}^{ss} & b_{jj}^{ss} \end{bmatrix} \begin{bmatrix} f_i^{sr} \\ f_j^{sr} \end{bmatrix} + [v_i^s \quad v_j^s]^{\mathrm{T}} \# \begin{bmatrix} b_{ii}^{sr} & b_{ij}^{sr} \\ b_{ji}^{sr} & b_{jj}^{sr} \end{bmatrix} \begin{bmatrix} f_i^{rr} \\ f_j^{rr} \end{bmatrix} \tag{2.27}$$

$$\begin{bmatrix} \mathrm{VAX\_F\ ratio}_i^{sr} \\ \mathrm{VAX\_F\ ratio}_j^{s} \end{bmatrix} = \begin{bmatrix} \mathrm{VAX\_F}_i^{sr} \\ \mathrm{VAX\_F}_j^{sr} \end{bmatrix} \Bigg/ \begin{bmatrix} E_i^{sr} \\ E_j^{sr} \end{bmatrix} \tag{2.28}$$

根据里昂惕夫逆矩阵的基本性质，可得在两国两部门情形下：

$$\begin{bmatrix} I - A^{ss} & -A^{sr} \\ -A^{rs} & I - A^{rr} \end{bmatrix} \begin{bmatrix} B^{ss} & B^{sr} \\ B^{rs} & B^{rr} \end{bmatrix} = \begin{bmatrix} I & 0 \\ 0 & I \end{bmatrix} \tag{2.29}$$

为节约空间，将式（2.29）中的公式写成分块矩阵相乘形式，矩阵中单个元素均表示分块矩阵，其中，$I = \begin{bmatrix} 1 & 0 \\ 0 & 1 \end{bmatrix}$ 表示 2×2 分块单位矩阵；$0 = \begin{bmatrix} 0 & 0 \\ 0 & 0 \end{bmatrix}$ 表示 2×2 分块零矩阵；$B^{rs} = \begin{bmatrix} b_{ii}^{rs} & b_{ij}^{rs} \\ b_{ji}^{rs} & b_{jj}^{rs} \end{bmatrix}$ 表示 2×2 分块里昂惕夫逆矩阵，其他元素对应类似矩阵。根据分块矩阵运算法则，对式（2.29）进行展开，可以得到

① 式（2.27）中“#”表示分块矩阵点乘；式（2.28）中“/”表示分块矩阵点除。以下公式中未加说明均表示类似含义。

$$(I-A^{ss})B^{sr}+(-A^{sr})B^{rr}=0 \tag{2.30}$$

对式（2.30）根据里昂惕夫逆矩阵的基本性质和矩阵运算法则进行变换可得[①]

$$B^{sr}=(I-A^{ss})^{-1}A^{sr}B^{rr}=L^{ss}A^{sr}B^{rr} \tag{2.31}$$

其中，$L^{ss}=(I-A^{ss})^{-1}=\begin{bmatrix} l_{ii}^{ss} & l_{ij}^{ss} \\ l_{ji}^{ss} & l_{jj}^{ss} \end{bmatrix}$表示里昂惕夫局部（local）逆矩阵（有时也称为分块逆矩阵）[②]。

由式（2.27）和式（2.31）可得

$$\begin{aligned}\begin{bmatrix}\mathrm{VAX\_F}_i^{sr}\\ \mathrm{VAX\_F}_j^{sr}\end{bmatrix}&=[v_i^s \quad v_j^s]^{\mathrm{T}}\#\begin{bmatrix} b_{ii}^{ss} & b_{ij}^{ss} \\ b_{ji}^{ss} & b_{jj}^{ss}\end{bmatrix}\begin{bmatrix} f_i^{sr}\\ f_j^{sr}\end{bmatrix}\\ &+[v_i^s \quad v_j^s]^{\mathrm{T}}\#\begin{bmatrix} l_{ii}^{ss} & l_{ij}^{ss} \\ l_{ji}^{ss} & l_{jj}^{ss}\end{bmatrix}\begin{bmatrix} a_{ii}^{sr} & a_{ij}^{sr} \\ a_{ji}^{sr} & a_{jj}^{sr}\end{bmatrix}\begin{bmatrix} b_{ii}^{rr} & b_{ij}^{rr} \\ b_{ji}^{rr} & b_{jj}^{rr}\end{bmatrix}\begin{bmatrix} f_i^{rr}\\ f_j^{rr}\end{bmatrix}\end{aligned} \tag{2.32}$$

对式（2.32）进行展开整理，可得到

$$\begin{aligned}\mathrm{VAX\_F}_i^{sr}&=(v_i^s b_{ii}^{ss}f_i^{sr}+v_i^s b_{ij}^{ss}f_j^{sr})+v_i^s l_{ii}^{ss}[(a_{ii}^{sr}b_{ii}^{rr}f_i^{rr}+a_{ii}^{sr}b_{ij}^{rr}f_j^{rr})+(a_{ij}^{sr}b_{ji}^{rr}f_i^{rr}+a_{ij}^{sr}b_{jj}^{rr}f_j^{rr})]\\ &+v_i^s l_{ij}^{ss}[(a_{ji}^{sr}b_{ii}^{rr}f_i^{rr}+a_{ji}^{sr}b_{ij}^{rr}f_j^{rr})+(a_{ji}^{sr}b_{ij}^{rr}f_j^{rr}+a_{jj}^{sr}b_{jj}^{rr}f_j^{rr})]\end{aligned} \tag{2.33}$$

对比式（2.24）和式（2.33），根据中间品分解追溯增加值流向结果显示，S国 i 部门通过中间品形式出口并最终被 R 国吸收的增加值根据流向可以分为两部分：一部分通过本国 i 部门直接出口到 R 国各部门，另一部分是通过本国 j 部门间接出口到 R 国各部门并分别被投入到 R 国消费的最终产品生产中。可以看到，根据中间品追溯增加值流向更为复杂一些。

同样，对 S 国 j 部门，

$$\begin{aligned}\mathrm{VAX\_F}_j^{sr}&=(v_j^s b_{jj}^{ss}f_j^{sr}+v_j^s b_{ji}^{ss}f_i^{sr})+v_j^s l_{jj}^{ss}[(a_{jj}^{sr}b_{jj}^{rr}f_j^{rr}+a_{jj}^{sr}b_{ji}^{rr}f_i^{rr})+(a_{ji}^{sr}b_{ji}^{rr}f_j^{rr}+a_{ji}^{sr}b_{ii}^{rr}f_i^{rr})]\\ &+v_j^s l_{ji}^{ss}[(a_{ij}^{sr}b_{jj}^{rr}f_j^{rr}+a_{ij}^{sr}b_{ji}^{rr}f_i^{rr})+(a_{ij}^{sr}b_{ji}^{rr}f_i^{rr}+a_{ii}^{sr}b_{ii}^{rr}f_i^{rr})]\end{aligned} \tag{2.34}$$

---

① 为节约文章空间，具体矩阵数学变换过程省略，感兴趣的读者可找作者获取。

② 局部逆矩阵 L 和全局逆矩阵 B 的区别及联系，可参看 Wang 等（2013）。

式（2.34）也有同样类似的含义。将式（2.33）和式（2.34）根据增加值依附在不同出口部门进行拆分和整理分别得到经过 S 国 i、j 部门的 VAX，即基于与前向联系相对应的后向联系①的两部门 VAX 和 VAX ratio：

$$\begin{aligned}\mathrm{VAX\_B}_i^{sr} = &(v_i^s b_{ii}^{ss} f_i^{sr} + v_j^s b_{ji}^{ss} f_i^{sr}) + v_i^s l_{ii}^{ss}[(a_{ii}^{sr} b_{ii}^{rr} f_i^{rr} + a_{ii}^{sr} b_{ij}^{rr} f_j^{rr}) + (a_{ij}^{sr} b_{ji}^{rr} f_i^{rr} + a_{ij}^{sr} b_{jj}^{rr} f_j^{rr})] \\ &+ v_j^s l_{ji}^{ss}[(a_{ij}^{sr} b_{jj}^{rr} f_j^{rr} + a_{ij}^{sr} b_{ji}^{rr} f_i^{rr}) + (a_{ij}^{sr} b_{ji}^{rr} f_i^{rr} + a_{ii}^{sr} b_{ii}^{rr} f_i^{rr})]\end{aligned} \tag{2.35}$$

$$\begin{aligned}\mathrm{VAX\_B}_j^{sr} = &(v_i^s b_{ij}^{ss} f_j^{sr} + v_j^s b_{jj}^{ss} f_j^{sr}) + v_i^s l_{ij}^{ss}[(a_{ji}^{sr} b_{ii}^{rr} f_i^{rr} + a_{ji}^{sr} b_{ij}^{rr} f_j^{rr}) + (a_{ji}^{sr} b_{ij}^{rr} f_j^{rr} + a_{jj}^{sr} b_{jj}^{rr} f_j^{rr})] \\ &+ v_j^s l_{jj}^{ss}[(a_{jj}^{sr} b_{jj}^{rr} f_j^{rr} + a_{jj}^{sr} b_{ji}^{rr} f_i^{rr}) + (a_{ji}^{sr} b_{ji}^{rr} f_j^{rr} + a_{ji}^{sr} b_{ii}^{rr} f_i^{rr})]\end{aligned} \tag{2.36}$$

$$\mathrm{VAX\_B\ ratio}_i^{sr} = \frac{\mathrm{VAX\_B}_i^{sr}}{E_i^{sr}} \tag{2.37}$$

$$\mathrm{VAX\_B\ ratio}_j^{sr} = \frac{\mathrm{VAX\_B}_j^{sr}}{E_j^{sr}} \tag{2.38}$$

式（2.35）表明基于后向联系的 S 国 i 部门不论是依附于最终产品还是中间品的 VAX，既包括来源于本部门的增加值，也包括通过投入产出关联来源于本国 j 部门的增加值。由于最终产品和中间品中的 VAX 总和小于或等于总出口价值②，很明显，在两国两部门情形下各部门 VAX ratio 取值范围在 0 和 1 之间。基于前向联系和后向联系计算的 VAX ratio 的经济学含义截然不同：基于前向联系计算的 VAX_F ratio 表明部门创造的增加值与部门总出口的比值，由于部门创造的增加值不仅仅依附在本部门最终产品和中间品出口中，很大一部分由于行业投入产出关联依附在其他部门产品出口中，这种追溯增加值流向的方法，忽略了其依附的部门产品流向，导致部门层面增加值的流向与传统统计口径产品流向不匹配，而且可能无法完全反映部门的出口特征；由于部门总出口中不仅包含本部门创造的增加值，还有本国其他部门的增加值及国外增加值，基于后

① 前向联系和后向联系的区别，基于前向联系计算的间接增加值出口时，为隐含于其他部门出口中的该部门增加值被国外吸收的部分，与本部门出口并没有关系。基于后向联系计算的间接增加值出口，为隐含于本部门出口中的其他部门增加值被国外吸收的部分，与其他部门出口并不一定有关系，参见王直等（2015）。

② 一国单部门总出口 = VAX_B + 国内增加值出口后又返回国内吸收部分 + 国外增加值。

向联系计算的部门层面 VAX ratio 将增加值流向和其依附的产品流向进行匹配，表示部门出口的最终产品和中间产品中含有的国内增加值占其出口的比例，可以用来衡量一个部门出口国内增加值的能力（王飞和王一智，2013），或者衡量部门贸易收益（黎峰，2015），同时也可以反映部门全球价值链国际生产分割水平（Johnson and Noguera，2012c）：全球生产网络下，生产商根据要素禀赋和价格差异对 GVCs 各个环节进行全球地理配置，一个国家往往只承担生产的某一部分或某几部分环节，只贡献了出口总价值中的一部分增加值，VAX ratio 则意味着出口是国内增加值的倍数，反映了生产分割水平。若每个国家相同部门的 VAX ratio 越低，表示这个部门参与的价值链生产环节越集中，生产分割水平越高。不同国家的 VAX ratio 存在异质性，表明一国在全球生产网络中国际生产分割水平的差异。

在部门层面，由式（2.33）和式（2.35）可得

$$\mathrm{VAX\_B}_i^{sr} - \mathrm{VAX\_F}_i^{sr} = (v_j^s b_{ji}^{ss} f_i^{sr} - v_i^s b_{ij}^{ss} f_j^{sr}) + \left\{ v_j^s l_{ji}^{ss} \begin{bmatrix} (a_{ij}^{sr} b_{jj}^{rr} f_j^{rr} + a_{ij}^{sr} b_{ji}^{rr} f_i^{rr}) \\ +(a_{ij}^{sr} b_{ji}^{rr} f_i^{rr} + a_{ii}^{sr} b_{ii}^{rr} f_i^{rr}) \end{bmatrix} - v_i^s l_{ij}^{ss} \begin{bmatrix} (a_{ji}^{sr} b_{ii}^{rr} f_i^{rr} + a_{ji}^{sr} b_{ij}^{rr} f_j^{rr}) \\ +(a_{ji}^{sr} b_{ij}^{rr} f_j^{rr} + a_{jj}^{sr} b_{jj}^{rr} f_j^{rr}) \end{bmatrix} \right\} \tag{2.39}$$

可见，在部门层面，VAX_B 和 VAX_F 是不同的，两者之间的区别是经过 i 部门出口的最终产品和中间品中来源于本国 j 部门增加值与经 j 部门出口的最终产品和中间品中来源于 i 部门的增加值的差额。同时，在部门层面由于分母总出口相同，VAX_B ratio 与 VAX_F ratio 也不完全相同。因此，利用 VAX ratio 来反映一国单部门生产分割是有区别的。根据式（2.33）的含义和之前的分析，可以看到，利用 VAX_F ratio，既包含了由于国内投入产出关联产生的国内生产分割，同时也包括参与国际投入产出关联而产生的国外生产分割。现实经验表明由于国内贸易成本比进出口贸易成本更为低廉，通常国内生产分割会占较大部分比重，同时存在的国内生产分割和国际生产分割两种作用力可能相互抵消，也可能互相加强，因此无法准确反映部门的国际生产分割程度。举例来说，单部门 VAX ratio 指标较大就意味着这个部门出口产品的国外增加值含量较低，国外生产环节也较

少，意味着本国部门在整个国际生产体系当中承担的生产环节较多且较为分散，国际生产分割水平较低；但如果这个部门的国内生产分割比较严重，即出现这个部门的增加值通过其他部门出口的比重较大，而通过本部门的出口却较少，就会造成这个部门实际国际生产分割水平很低，但其指标却反映出其很高的情况。因此，利用 VAX_F ratio 指标可能无法正确地反映其国际生产分割水平。而 VAX_B ratio 指标分离了国内生产分割和国外生产分割，这个指标只反映国外生产分割，相对于 VAX_F ratio 指标，在两国两部门情形下，将其作为反映国际垂直分工度的反向指标比较科学准确。本书将主要利用 VAX_B ratio 指数，引出另一个指标来反映和分析部门层面的国际生产分割变化。

在国家整体层面，显然可证：

$$\text{VAX\_B}_i^{sr} + \text{VAX\_B}_j^{sr} = \text{VAX\_F}_i^{sr} + \text{VAX\_F}_j^{sr} \tag{2.40}$$

式（2.40）说明在国家双边层面上两者是相等的。

接下来，我们将给出两国两部门情形下后向联系的相关矩阵计算公式：

$$\begin{aligned}\begin{bmatrix}\text{VAX\_B}_i^{sr}\\ \text{VAX\_B}_j^{sr}\end{bmatrix} &= [v_i^s \quad v_j^s]\begin{bmatrix}b_{ii}^{ss} & b_{ij}^{ss}\\ b_{ji}^{ss} & b_{jj}^{ss}\end{bmatrix}\#\begin{bmatrix}f_i^{sr}\\ f_j^{sr}\end{bmatrix}\\ &\quad + [v_i^s \quad v_j^s]\begin{bmatrix}l_{ii}^{ss} & l_{ij}^{ss}\\ l_{ji}^{ss} & l_{jj}^{ss}\end{bmatrix}\#\begin{bmatrix}a_{ii}^{sr} & a_{ij}^{sr}\\ a_{ji}^{sr} & a_{jj}^{sr}\end{bmatrix}\begin{bmatrix}b_{ii}^{rr} & b_{ij}^{rr}\\ b_{ji}^{rr} & b_{jj}^{rr}\end{bmatrix}\begin{bmatrix}f_i^{rr}\\ f_j^{rr}\end{bmatrix}\end{aligned} \tag{2.41}$$

$$\begin{bmatrix}\text{VAX\_B ratio}_i^{sr}\\ \text{VAX\_B ratio}_j^{sr}\end{bmatrix} = \begin{bmatrix}\text{VAX\_B}_i^{sr}\\ \text{VAX\_B}_j^{sr}\end{bmatrix}\Bigg/\begin{bmatrix}E_i^{sr}\\ E_j^{sr}\end{bmatrix} \tag{2.42}$$

2.3.2 三国两部门模型

进一步考虑三个国家（S、R、U）两部门（i、j）的情形。S 国和 U 国地理位置较近，且属于同一个贸易同盟区域集团，遵守共同订立的贸易同盟协定，R 国与 S 国、U 国距离较远，不属于同一个贸易同盟区域集团①。与两国两部门情形类似，根据里昂惕夫逆矩阵对最终产品进行分解，式（2.13）可扩展为

① 设定 S 国和 U 国、R 国之间的关系主要是为了下文更好地研究国家之间的地域分布不同引起的国际生产分割异质性特征做铺垫。实际分解不受国别关系的影响。

$$\hat{V}B\hat{F}=\begin{bmatrix}\hat{V}^s & 0 & 0\\ 0 & \hat{V}^r & 0\\ 0 & 0 & \hat{V}^u\end{bmatrix}\begin{bmatrix}B^{ss} & B^{sr} & B^{su}\\ B^{rs} & B^{rr} & B^{ru}\\ B^{us} & B^{ur} & B^{uu}\end{bmatrix}\begin{bmatrix}\hat{F}^s & 0 & 0\\ 0 & \hat{F}^r & 0\\ 0 & 0 & \hat{F}^u\end{bmatrix} \tag{2.43}$$

对式（2.43）进行展开，可得到 S 国 i 部门所有增加值根据下游延伸的国内和出口流向的分解公式：

$$\begin{aligned}\mathrm{Va}_i^s=&\underbrace{v_i^s b_{ii}^{ss} f_i^{ss}+v_i^s b_{ij}^{ss} f_j^{ss}}_{\text{未出口}}+\underbrace{v_i^s b_{ii}^{sr} f_i^{rs}+v_i^s b_{ij}^{sr} f_j^{rs}}_{\text{中间品形式出口}R\text{国又返回到国内吸收}}\\&+\underbrace{v_i^s b_{ii}^{su} f_i^{us}+v_i^s b_{ij}^{su} f_j^{us}}_{\text{中间品形式出口到}U\text{国又返回到国内吸收}}+\underbrace{v_i^s b_{ii}^{ss} f_i^{sr}+v_i^s b_{ij}^{ss} f_j^{sr}}_{\text{最终产品出口到}R\text{国}}+\underbrace{v_i^s b_{ii}^{sr} f_i^{rr}+v_i^s b_{ij}^{sr} f_j^{rr}}_{\text{中间品形式出口并最终被}R\text{国吸收}}\\&+\underbrace{v_i^s b_{ii}^{su} f_i^{ur}+v_i^s b_{ij}^{su} f_j^{ur}}_{\text{中间品形式出口到}U\text{国再出口到}R\text{国最终吸收}}+\underbrace{v_i^s b_{ii}^{ss} f_i^{su}+v_i^s b_{ij}^{ss} f_j^{su}}_{\text{最终产品出口到}U\text{国}}\\&+\underbrace{v_i^s b_{ii}^{su} f_i^{uu}+v_i^s b_{ij}^{su} f_j^{uu}}_{\text{中间品形式出口并最终被}U\text{国吸收}}+\underbrace{v_i^s b_{ii}^{sr} f_i^{ru}+v_i^s b_{ij}^{sr} f_j^{ru}}_{\text{中间品形式出口到}R\text{国再出口到}U\text{国最终吸收}}\end{aligned} \tag{2.44}$$

根据 VAX 的定义，将式（2.44）进行拆分，得到基于前向联系的 S 国 i 部门对 R、U 国双边 VAX 指数：

$$\mathrm{VAX\_F}_i^{sr}=(v_i^s b_{ii}^{ss} f_i^{sr}+v_i^s b_{ij}^{ss} f_j^{sr})+(v_i^s b_{ii}^{sr} f_i^{rr}+v_i^s b_{ij}^{sr} f_j^{rr})+(v_i^s b_{ii}^{su} f_i^{ur}+v_i^s b_{ij}^{su} f_j^{ur}) \tag{2.45}$$

$$\mathrm{VAX\_F}_i^{su}=(v_i^s b_{ii}^{ss} f_i^{su}+v_i^s b_{ij}^{ss} f_j^{su})+(v_i^s b_{ii}^{su} f_i^{uu}+v_i^s b_{ij}^{su} f_j^{uu})+(v_i^s b_{ii}^{sr} f_i^{ru}+v_i^s b_{ij}^{sr} f_j^{ru}) \tag{2.46}$$

由式（2.24）和式（2.45）对比可以看到，三国两部门情形下相比两国两部门情形下 S 国 i 部门基于前向联系的 VAX，多了一部分增加值，这部分增加值主要以中间品形式出口到第三国 U 国并在 U 国制造成最终产品再次出口到 R 国，并被 R 国最终吸收，是 S 国 i 部门增加值出口到 R 国的间接部分，间接部分的比重越大反映 S 国 i 部门与第三国的生产分工中承担了更多的生产环节。

根据式（2.44），可得到 S 国对 R 国基于前向联系的 VAX 矩阵计算公式为

$$\mathrm{VAX\_F}^{sr}=[V^s]^{\mathrm{T}}\#B^{ss}F^{sr}+[V^s]^{\mathrm{T}}\#B^{sr}F^{rr}+[V^s]^{\mathrm{T}}\#B^{su}F^{ur} \tag{2.47}$$

同样根据中间品追溯增加值流向，在三国两部门情形下

$$\begin{bmatrix} I-A^{ss} & -A^{sr} & -A^{su} \\ -A^{rs} & I-A^{rr} & -A^{ru} \\ -A^{us} & -A^{ur} & I-A^{uu} \end{bmatrix}\begin{bmatrix} B^{ss} & B^{sr} & B^{su} \\ B^{rs} & B^{rr} & B^{ru} \\ B^{us} & B^{ur} & B^{uu} \end{bmatrix}=\begin{bmatrix} I & 0 & 0 \\ 0 & I & 0 \\ 0 & 0 & I \end{bmatrix} \tag{2.48}$$

根据分块矩阵运算法则对式（2.48）进行展开，可以得到

$$(I-A^{ss})B^{sr}+(-A^{sr})B^{rr}+(-A^{su})B^{ur}=0 \tag{2.49}$$

对等式进行变换可得

$$B^{sr}=(I-A^{ss})^{-1}A^{sr}B^{rr}+(I-A^{ss})^{-1}A^{su}B^{ur}=L^{ss}A^{sr}B^{rr}+L^{ss}A^{su}B^{ur} \tag{2.50}$$

同理，可得

$$B^{su}=(I-A^{ss})^{-1}A^{su}B^{uu}+(I-A^{ss})^{-1}A^{sr}B^{ru}=L^{ss}A^{su}B^{uu}+L^{ss}A^{sr}B^{ru} \tag{2.51}$$

根据对中间品进行追溯式（2.47）可写为

$$\begin{aligned} \text{VAX\_F}^{sr}=&[V^s]^{\mathrm{T}}\#B^{ss}F^{sr}+[V^s]^{\mathrm{T}}\#L^{ss}A^{sr}B^{rr}F^{rr}+[V^s]^{\mathrm{T}}\#L^{ss}A^{su}B^{ur}F^{rr} \\ &+[V^s]^{\mathrm{T}}\#L^{ss}A^{su}B^{uu}F^{ur}+[V^s]^{\mathrm{T}}\#L^{ss}A^{sr}B^{ru}F^{ur} \end{aligned} \tag{2.52}$$

同样根据式（2.52）进行部门层面的分解及整理，与两国两部门情形类似，可以得到三国两部门情形下后向联系的 S 国对 R 国的双边 VAX 矩阵计算公式①：

$$\begin{aligned} \begin{bmatrix} \text{VAX\_B}_i^{sr} \\ \text{VAX\_B}_j^{sr} \end{bmatrix}=&[v_i^s \quad v_j^s]\begin{bmatrix} b_{ii}^{ss} & b_{ij}^{ss} \\ b_{ji}^{ss} & b_{jj}^{ss} \end{bmatrix}\#\begin{bmatrix} f_i^{sr} \\ f_j^{sr} \end{bmatrix} \\ &+[v_i^s \quad v_j^s]\begin{bmatrix} l_{ii}^{ss} & l_{ij}^{ss} \\ l_{ji}^{ss} & l_{jj}^{ss} \end{bmatrix}\#\begin{bmatrix} a_{ii}^{sr} & a_{ij}^{sr} \\ a_{ji}^{sr} & a_{jj}^{sr} \end{bmatrix}\begin{bmatrix} b_{ii}^{rr} & b_{ij}^{rr} \\ b_{ji}^{rr} & b_{jj}^{rr} \end{bmatrix}\begin{bmatrix} f_i^{rr} \\ f_j^{rr} \end{bmatrix} \\ &+[v_i^s \quad v_j^s]\begin{bmatrix} l_{ii}^{ss} & l_{ij}^{ss} \\ l_{ji}^{ss} & l_{jj}^{ss} \end{bmatrix}\#\begin{bmatrix} a_{ii}^{su} & a_{ij}^{su} \\ a_{ji}^{su} & a_{jj}^{su} \end{bmatrix}\begin{bmatrix} b_{ii}^{ur} & b_{ij}^{ur} \\ b_{ji}^{ur} & b_{jj}^{ur} \end{bmatrix}\begin{bmatrix} f_i^{rr} \\ f_j^{rr} \end{bmatrix} \\ &+[v_i^s \quad v_j^s]\begin{bmatrix} l_{ii}^{ss} & l_{ij}^{ss} \\ l_{ji}^{ss} & l_{jj}^{ss} \end{bmatrix}\#\begin{bmatrix} a_{ii}^{su} & a_{ij}^{su} \\ a_{ji}^{su} & a_{jj}^{su} \end{bmatrix}\begin{bmatrix} b_{ii}^{uu} & b_{ij}^{uu} \\ b_{ji}^{uu} & b_{jj}^{uu} \end{bmatrix}\begin{bmatrix} f_i^{ur} \\ f_j^{ur} \end{bmatrix} \\ &+[v_i^s \quad v_j^s]\begin{bmatrix} l_{ii}^{ss} & l_{ij}^{ss} \\ l_{ji}^{ss} & l_{jj}^{ss} \end{bmatrix}\#\begin{bmatrix} a_{ii}^{sr} & a_{ij}^{sr} \\ a_{ji}^{sr} & a_{jj}^{sr} \end{bmatrix}\begin{bmatrix} b_{ii}^{ru} & b_{ij}^{ru} \\ b_{ji}^{ru} & b_{jj}^{ru} \end{bmatrix}\begin{bmatrix} f_i^{ur} \\ f_j^{ur} \end{bmatrix} \end{aligned} \tag{2.53}$$

同理可以得到 S 国对 U 国的双边 VAX 矩阵计算公式：

① 与两国两部门情形下通过式（2.32）得到式（2.41）的过程类似，为节约空间，具体推导过程省略，感兴趣的读者可以联系作者获取。

$$\begin{bmatrix} \text{VAX\_B}_i^{su} \\ \text{VAX\_B}_j^{su} \end{bmatrix} = \left\{ [v_i^s \quad v_j^s] \begin{bmatrix} b_{ii}^{ss} & b_{ij}^{ss} \\ b_{ji}^{ss} & b_{jj}^{ss} \end{bmatrix} \right\}^{\mathrm{T}} \# \begin{bmatrix} f_i^{su} \\ f_j^{su} \end{bmatrix}$$

$$+ [v_i^s \quad v_j^s] \begin{bmatrix} l_{ii}^{ss} & l_{ij}^{ss} \\ l_{ji}^{ss} & l_{jj}^{ss} \end{bmatrix} \# \begin{bmatrix} a_{ii}^{su} & a_{ij}^{su} \\ a_{ji}^{su} & a_{jj}^{su} \end{bmatrix} \begin{bmatrix} b_{ii}^{uu} & b_{ij}^{uu} \\ b_{ji}^{uu} & b_{jj}^{uu} \end{bmatrix} \begin{bmatrix} f_i^{uu} \\ f_j^{uu} \end{bmatrix}$$

$$+ [v_i^s \quad v_j^s] \begin{bmatrix} l_{ii}^{ss} & l_{ij}^{ss} \\ l_{ji}^{ss} & l_{jj}^{ss} \end{bmatrix} \# \begin{bmatrix} a_{ii}^{sr} & a_{ij}^{sr} \\ a_{ji}^{sr} & a_{jj}^{sr} \end{bmatrix} \begin{bmatrix} b_{ii}^{ru} & b_{ij}^{ru} \\ b_{ji}^{ru} & b_{jj}^{ru} \end{bmatrix} \begin{bmatrix} f_i^{uu} \\ f_j^{uu} \end{bmatrix} \quad (2.54)$$

$$+ [v_i^s \quad v_j^s] \begin{bmatrix} l_{ii}^{ss} & l_{ij}^{ss} \\ l_{ji}^{ss} & l_{jj}^{ss} \end{bmatrix} \# \begin{bmatrix} a_{ii}^{sr} & a_{ij}^{sr} \\ a_{ji}^{sr} & a_{jj}^{sr} \end{bmatrix} \begin{bmatrix} b_{ii}^{rr} & b_{ij}^{rr} \\ b_{ji}^{rr} & b_{jj}^{rr} \end{bmatrix} \begin{bmatrix} f_i^{ru} \\ f_j^{ru} \end{bmatrix}$$

$$+ [v_i^s \quad v_j^s] \begin{bmatrix} l_{ii}^{ss} & l_{ij}^{ss} \\ l_{ji}^{ss} & l_{jj}^{ss} \end{bmatrix} \# \begin{bmatrix} a_{ii}^{su} & a_{ij}^{su} \\ a_{ji}^{su} & a_{jj}^{su} \end{bmatrix} \begin{bmatrix} b_{ii}^{ur} & b_{ij}^{ur} \\ b_{ji}^{ur} & b_{jj}^{ur} \end{bmatrix} \begin{bmatrix} f_i^{ru} \\ f_j^{ru} \end{bmatrix}$$

基于后向联系的出口增加值率指标可写为

$$\text{VAX\_B ratio}_i^{sr} = \text{VAX\_B}_i^{sr} / E_i^{sr} \quad (2.55)$$

$$\text{VAX\_B ratio}_i^{su} = \text{VAX\_B}_i^{su} / E_i^{su} \quad (2.56)$$

同样在双边层面，由式（2.47）和式（2.53）可得

$$\text{VAX\_B}^{sr} = \text{VAX\_B}_i^{sr} + \text{VAX\_B}_j^{sr} = \text{VAX\_F}^{sr} = \text{VAX\_F}_i^{sr} + \text{VAX\_F}_j^{sr} \quad (2.57)$$

说明三国两部门情形下国家双边层面上两者仍是相同的。

在双边部门层面，同样可得到

$$\begin{aligned} \text{VAX\_B}_i^{sr} - \text{VAX\_F}_i^{sr} &= (v_j^s b_{ji}^{ss} f_i^{sr} + v_j^s b_{ji}^{sr} f_i^{rr} + v_j^s b_{ji}^{su} f_i^{ur}) \\ &\quad - (v_i^s b_{ij}^{ss} f_j^{sr} + v_i^s b_{ij}^{sr} f_j^{rr} + v_i^s b_{ij}^{su} f_j^{ur}) \neq 0 \end{aligned} \quad (2.58)$$

可见，在三国两部门情形下，双边部门层面的 VAX_B 和 VAX_F 也是不完全相同的。那么三国两部门情形下 VAX _ B ratio 指标用来度量国际生产分割是否是最合理的呢？

基于之前对国际生产分割含义的分析，一国出口产品中包含的国内增加值越低意味着国际生产分割水平越高。根据式（2.53），可以发现基于后向联系的 *S* 国对 *R* 国 VAX_B 中贸易流向的间接部分［式（2.53）的第三项和第四项］主要包括通过出口到第三国 *U* 国然后制造为最终产品和中间品出口到 *R*

国并最终在 R 国消费的部分。考虑到这部分的存在，在三国两部门情形下利用 VAX _ B ratio 指标来刻画国际生产分割特征将会导致两个主要缺陷：一是会出现 0 和无法度量（无穷大）的情形，首先，如果 S 国 i 部门出口到 R 国的增加值被制造为最终产品全部出口到第三国（如果出口到 R 国的加工贸易行业，会出现这种情形），且没有间接部分时，那么会出现 $\text{VAX\_B ratio}_i^{sr}$ 为 0 的情形；其次，如果 S 国 i 部门没有出口到 R 国的贸易流量（$E_i^{sr}=0$），体现在 VAX_B_i^{sr} 的直接部分为 0，但间接部分可能不为 0，这时 $\text{VAX\_B ratio}_i^{sr}$ 就会出现无穷大的情形，这两者都会导致无法横向比较。二是会出现误估的情形，如果 S 国 i 部门出口到 R 国的贸易流量较小，而通过第三国 U 国出口到 R 国的间接增加值部分很大，那么体现在 VAX_B_i^{sr} 上会远大于 E_i^{sr}，就会出现两国存在国际生产分割，但是 $\text{VAX\_B ratio}_i^{sr}$ 指标却可能给出错误信息，即使是 $\text{VAX\_B ratio}_i^{sr}=1$，由于直接部分和间接部分的相互作用，我们也无法区分是否发生了国际生产分割①，出现误估的情形。

因此，为克服 VAX _ B ratio 的两个主要缺陷，给决策者提供更多的国际生产分割相关信息，本书将基于 VAX _ B ratio 的分解思路，主要对间接部分进行处理，提出另外一种度量指标。

根据式（2.53），S 国 i 部门对 R 国基于后向联系的 VAX 可表示为

$$\text{VAX\_B ratio}_i^{sr}=\underbrace{\left[(v_i^s b_{ii}^{ss}+v_j^s b_{ji}^{ss})f_i^{sr}+\sum_q\sum_k(v_i^s l_{ii}^{ss}+v_j^s l_{ji}^{ss})a_{iq}^{sr}b_{qk}^{rr}f_k^{rr}+\sum_q\sum_k(v_i^s l_{ii}^{ss}+v_j^s l_{ji}^{ss})a_{iq}^{sr}b_{qk}^{ru}f_k^{ur}\right]}_{\text{直接部分}}$$
$$+\underbrace{\left[\sum_q\sum_k(v_i^s l_{ii}^{ss}+v_j^s l_{ji}^{ss})a_{iq}^{su}b_{qm}^{ur}f_m^{rr}+\sum_q\sum_k(v_i^s l_{ii}^{ss}+v_j^s l_{ji}^{ss})a_{iq}^{su}b_{qm}^{uu}f_m^{ur}\right]}_{\text{间接部分}}\tag{2.59}$$

其中，k、q 表示自然数，且 $k,q=\{i,j\}$。

间接部分②主要包括两部分：第一部分指 S 国出口到 U 国各部门制造为中间品再出口到 R 国各部门制造为最终产品并在 R 国消费的部分［对应式（2.53）第

① 若间接部分为 0，则 S 国 i 部门出口包含全部国内增加值的最终产品，此时 $\text{VAX\_B ratio}_i^{sr}=1$，没有发生国际生产分割；若直接部分和间接部分相加正好等于 E_i^{sr}，也会出现 $\text{VAX\_B ratio}_i^{sr}=1$ 的情形。

② “间接部分”表示不是通过 S 国对 R 国直接出口的部分。下一章将对直接和间接部分做更细致的概念区分。

三项]；第二部分指 S 国 i 部门出口到 U 国各部门制造为最终产品再出口到 R 国消费［对应式（2.53）第四项］；同样，根据式（2.54），S 国 i 部门对 U 国的 VAX 间接部分也包括对应的两项。基于式（2.53）、式（2.54）根据首次出口流向国家进行归并整理，可以得到基于后向联系的 S 国 i 部门对 R 国的国内增加值出口式（2.60）与 Wang 等（2013）和王直等（2015）推导的全球价值链分解公式的前 5 项一致，为保持统一，这里仍采用 DVA_B 表示：

$$\mathrm{DVA\_B}_i^{sr}=\left[(v_i^s b_{ii}^{ss}+v_j^s b_{ji}^{ss})f_i^{sr}+\sum_q\sum_k(v_i^s l_{ii}^{ss}+v_j^s l_{ji}^{ss})a_{iq}^{sr}b_{qk}^{rr}f_k^{rr}+\sum_q\sum_k(v_i^s l_{ii}^{ss}+v_j^s l_{ji}^{ss})a_{iq}^{sr}b_{qk}^{ru}f_k^{ur}\right]$$
$$+\left[\begin{aligned}&\sum_q\sum_k(v_i^s l_{ii}^{ss}+v_j^s l_{ji}^{ss})a_{iq}^{sr}b_{qm}^{ru}f_m^{uu}\\&+\sum_q\sum_k(v_i^s l_{ii}^{ss}+v_j^s l_{ji}^{ss})a_{iq}^{sr}b_{qm}^{rr}f_m^{ru}\end{aligned}\right]\tag{2.60}$$

其中，k、q表示自然数，且$k,q=\{i,j\}$；$\mathrm{DVA_B}_i^{sr}$ 表示 S 国 i 部门对 R 国的国内增加值出口，是 S 国 i 部门对 R 国出口流量的被外国吸收的国内增加值部分[①]。$\mathrm{DVA\_B}_i^{sr}$ 属于 S 国 i 部门对 R 国出口流量分解的子集，即 $\mathrm{DVA\_B}_i^{sr}\leqslant E_i^{sr}$。显然，$0\leqslant\mathrm{DVA\_B\,ratio}_i^{sr}\leqslant 1$。因此，可以看到基于贸易流量分解的国内增加值出口比值 $\mathrm{DVA\_B\,ratio}_i^{sr}$ 指标克服了 $\mathrm{VAX\_B\,ratio}_i^{sr}$ 的两个缺陷，且在双边部门层面与前两个指标均有差异：

$$\mathrm{DVA\_B\,ratio}_i^{sr}-\mathrm{VAX\_F\,ratio}_i^{sr}=\Bigg\{\Bigg[(v_j^s b_{ji}^{ss}f_i^{sr}-v_i^s b_{ij}^{ss}f_j^{sr})+\sum_q\sum_k(v_j^s l_{ji}^{ss}a_{iq}^{sr}-v_i^s l_{ij}^{ss}a_{jq}^{sr})b_{qk}^{rr}f_k^{rr}$$
$$+\sum_q\sum_k(v_j^s l_{ji}^{ss}a_{iq}^{sr}-v_i^s l_{ij}^{ss}a_{jq}^{sr})b_{qk}^{ru}f_k^{ur}\Bigg]$$
$$+\sum_q\sum_k[(v_i^s l_{ii}^{ss}+v_j^s l_{ji}^{ss})a_{iq}^{sr}b_{qm}^{ru}f_m^{uu}+(v_i^s l_{ii}^{ss}+v_j^s l_{ji}^{ss})a_{iq}^{sr}b_{qm}^{rr}f_m^{ru}$$
$$-v_i^s(l_{ii}^{ss}a_{iq}^{sr}+l_{ij}^{ss}a_{jq}^{sr})b_{qm}^{ru}f_m^{ur}+v_i^s(l_{ii}^{ss}a_{iq}^{su}+l_{ji}^{ss}a_{iq}^{su})b_{qm}^{uu}f_m^{ur}]\Bigg\}\Bigg/E_i^{sr}\tag{2.61}$$

① 注意 DVA_B ratio 并不是国内增加值出口，根据 Wang 等（2013）的分解，国内增加值出口包括前者加上国内增加值出口返回部分。

$$\begin{aligned}\text{DVA\_B ratio}_i^{sr}-\text{VAX\_B ratio}_i^{sr}=&\left\{\left[\sum_q\sum_k(v_i^s l_{ii}^{ss}+v_j^s l_{ji}^{ss})a_{iq}^{sr}b_{qm}^{ru}f_m^{uu}\right.\right.\\&\left.+\sum_q\sum_k(v_i^s l_{ii}^{ss}+v_j^s l_{ji}^{ss})a_{iq}^{sr}b_{qm}^{rr}f_m^{ru}\right]\\&-\left[\sum_q\sum_k(v_i^s l_{ii}^{ss}+v_j^s l_{ji}^{ss})a_{iq}^{su}b_{qm}^{ur}f_m^{rr}\right.\\&\left.\left.+\sum_q\sum_k(v_i^s l_{ii}^{ss}+v_j^s l_{ji}^{ss})a_{iq}^{su}b_{qm}^{uu}f_m^{ur}\right]\right\}\Big/E_i^{sr}\end{aligned}\tag{2.62}$$

因此，在三国两部门情形下，通过对双边部门层面反映国际生产分割的三个指标综合分析发现，这三个指标存在内在关联，是 S 国出口到 R 国并被国外最终消费的国内增加值在不同口径的分解。同时，VAX_B ratio 指标虽然能够分离国内生产分割和国际生产分割，但在三国两部门情形下，度量国际生产分割存在无法横向比较和误估的缺陷，而 DVA_B ratio 既只反映国际生产分割，又较好地克服了这两个主要缺陷，将其作为反映国际垂直分工度的反向指标更加科学准确。因此，本书将主要利用 DVA_B ratio 指数来分析部门层面的国际生产分割特征及其变化。

接下来，我们给出三国两部门情形下 S 国对 R 国的 DVA_B ratio 指标矩阵计算公式：

$$\begin{aligned}\text{DVA\_B ratio}^{sr}=\{&[V^sB^{ss}]^{\mathrm T}\#F^{sr}+[V^sL^{ss}]^{\mathrm T}\#A^{sr}B^{rr}F^{rr}+[V^sL^{ss}]^{\mathrm T}\#A^{sr}B^{rr}F^{ru}\\&+[V^sL^{ss}]^{\mathrm T}\#A^{sr}B^{ru}F^{ur}+[V^sL^{ss}]^{\mathrm T}\#A^{sr}B^{ru}F^{uu}\}/E^{sr}\end{aligned}\tag{2.63}$$

综上，由于三国两部门情形具有一定的普遍性，在进一步给出多国多部门情形下的讨论前，对三种可用于度量国际生产分割的指标在各个层面的分析结果做一个归纳。

首先，在部门双边层面，DVA_B ratio 表示 S 国 i 部门到 R 国的出口流量中被国外吸收的国内增加值比值，国内增加值既可能来源于 i 部门，也可能来源于国内其他部门，但都包含在 i 部门出口到 R 国各部门的出口中；VAX_B ratio 表示经 S 国 i 部门出口最终被 R 国吸收的国内增加值比值，国内增加值既可能来源于 i 部门，也可能来源于国内其他部门，但都经过 i 部门出口，不一定全部包含在 i 部门出口到 R 国各部门中；VAX_F ratio 表示 S 国 i 部门创造的最终

被 R 国吸收的国内增加值比值，这部分国内增加值只来源于 i 部门，但不完全都包含在 i 部门到 R 国各部门的出口中，也可能经本国其他部门出口到 R 国或其他国家，并最终在 R 国吸收。显然，在部门双边层面三者不存在数学上的完全相等：

$$\text{DVA\_B ratio} \neq \text{VAX\_B ratio} \neq \text{VAX\_F ratio} \tag{2.64}$$

其次，在双边层面，即所有部门的相应指标加总，由于所有部门创造的国内增加值加总等于所有出口的国内增加值，因此在双边层面，VAX_F ratio 指标等于 VAX_B ratio 指标，可得到在双边层面：

$$\text{DVA\_B ratio} \neq \text{VAX\_B ratio} = \text{VAX\_F ratio} \tag{2.65}$$

再次，在部门层面，即所有国家的相应指标加总，DVA_B ratio 指标等于 VAX_B ratio 指标，即

$$\text{DVA\_B ratio} = \text{VAX\_B ratio} \neq \text{VAX\_F ratio} \tag{2.66}$$

最后，在国家整体层面，显然，三者是相等的：

$$\text{DVA\_B ratio} = \text{VAX\_B ratio} = \text{VAX\_F ratio} \tag{2.67}$$

2.3.3 多国多部门扩展

考虑更一般的情形，世界拥有 G 个国家，每个国家拥有 N 个部门。根据之前分析，我们可以直接给出多国多部门情形下 S 国部门双边层面 DVA_B ratio 指数的矩阵计算公式：

$$\begin{aligned}\text{DVA\_B ratio}^s = \sum_{r\neq s}^{G}\Bigg\{&[V^sB^{ss}]^{\mathrm{T}}\#F^{sr} + [V^sL^{ss}]^{\mathrm{T}}\#A^{sr}B^{rr}F^{rr} + \sum_{g\neq s,r}^{G}[V^sL^{ss}]^{\mathrm{T}}\#A^{sr}B^{rg}F^{gr} \\ &+ \sum_{g\neq s,r}^{G}[V^sL^{ss}]^{\mathrm{T}}\#A^{sr}B^{rr}F^{rg} + \sum_{g\neq s,r}^{G}\sum_{w\neq s,r}^{G}[V^sL^{ss}]^{\mathrm{T}}\#A^{sr}B^{rg}F^{gw}\Bigg\}\Bigg/\sum_{r\neq s}^{G}E^{sr}，g、w、r\in G\end{aligned} \tag{2.68}$$

式（2.68）也是本书主要计算 DVA_B ratio 指数来度量国际生产分割的基础公式。

同样，不失一般性，本书也分别给出多国多部门情形下 S 国部门双边层面 VAX_F ratio 指数和 VAX_B ratio 指数的矩阵计算公式：

$$\text{VAX\_F ratio}^s = \sum_{r \neq s}^{G} \left\{ [V^s]^{\mathrm{T}} \# B^{ss} F^{sr} + [V^s]^{\mathrm{T}} \# B^{sr} F^{rr} + \sum_{g \neq s,r}^{G} [V^s]^{\mathrm{T}} \# B^{sg} F^{gr} \right\} \Big/ \sum_{r \neq s}^{G} E^{sr}, \quad g、r \in G \tag{2.69}$$

$$\begin{aligned} \text{VAX\_B ratio}^s = \sum_{r \neq s}^{G} \Bigg\{ & [V^s B^{ss}]^{\mathrm{T}} \# F^{sr} + [V^s L^{ss}]^{\mathrm{T}} \# A^{sr} B^{rr} F^{rr} + \sum_{g \neq s,r}^{G} [V^s L^{ss}]^{\mathrm{T}} \# A^{sg} B^{gr} F^{rr} \\ & + \sum_{g \neq s,r}^{G} [V^s L^{ss}]^{\mathrm{T}} \# A^{sg} B^{gg} F^{gr} + \sum_{g \neq s,r}^{G} \sum_{w \neq s,r}^{G} [V^s L^{ss}]^{\mathrm{T}} \# A^{sw} B^{wg} F^{gr} \Bigg\} \Big/ \sum_{r \neq s}^{G} E^{sr}, \quad g、r \in G \end{aligned} \tag{2.70}$$

多国多部门情形下，部门双边，以及国家整体各个层面三个指数之间的关系与三国两部门情形下一致。

2.4 本 章 小 结

本章主要在分析国际生产分割传统测度方法的基础上，借鉴全球价值链分解方法，利用投入产出模型提出了测度国际生产分割的理论分析框架。这个分析框架改进了 Johnson 和 Noguera（2012c）提出的 VAX ratio 指标，并基于后向联系构建了国际生产分割测度指标——DVA_B ratio 指标。对三种指标的分析表明相对于 VAX ratio 指标，本章构建的这一指标可以更好地实现在部门和整体层面的分析和比较，更为科学合理。

3 国际生产分割测度、演变特征及变化机制

3.1 国际生产分割测度主要数据来源

基于 DVA _ B ratio 指标来测度国际生产分割依赖于多国多部门世界投入产出表，本书将采用欧盟发布的 WIOD 中的 WIOTs 来进行计算和分析。WIOTs 主要是基于各国国家统计部门提供的供给和使用表（supply and use tables，SUTs），用 BEC 分类链接，结合 BACI 构建的一个全球部门层面的数据，是 WIOD 的核心部分（Timmer et al.，2012）。2013 年发布的 WIOTs 包含全球主要的 40 个国家和地区，每一个经济体细分为 35 个部门［r35，部门分类根据国际标准行业分类（ISIC rev 3）进行划分］1995～2011 年连续 17 年的数据，包括两个初级产品部门（农业、采矿业）、14 个制造业部门及 19 个服务部门。2016 年发布的最新 WIOTs 在原来的基础上新增了瑞士、克罗地亚①和挪威 3 个国家，包含全球主要的 42 个国家，细分到 56 个生产部门［r35，部门分类根据国际标准行业分类（ISIC rev 4）进行划分］2000～2014 年连续 15 年的数据，涵盖了后危机时代后的 3 年②，包括 4 个初级部门（作物牲畜生产、林业、渔业、采矿和采石业）、19 个制造部门和 33 个服务部门。本书主要采用最新的 2016 年发布的 WIOTs 数据来进行经验分析。

为分析便利，本书参考了 Vries 等（2012）和 Dietzenbacher 等（2013）的分类方法对照 ISIC rev 4 和 ISIC rev 3 并按要素密集度将 19 个制造业区分为 3 类：①劳动密集型制造业，包括纺织品服装皮革（r6）、木材及草编制品（r7）、家具及其他制造（r22）、机械设备修理（r23）。②资本密集型制造业，包括食品饮料烟草（r5）、纸及纸制品（r8）、媒介物印制及复制（r9）、焦炭精炼石油（r10）、橡胶及塑料制品（r13）、非金属制品（r14）、基本金属（r15）、金属制品（r16）

① 克罗地亚于 2013 年正式加入欧盟。

② 研究普遍认为 2011 年后为后危机时代，这一时期呈现出贸易保护主义抬头、贸易发展缓慢、逆全球化趋势等现象。

制造业部门。③知识密集型制造业，包括化学制品（r11）、医药产品和制剂（r12）、电子及光学产品（r17）、电力设备（r18）、机械设备（r19）、汽车和挂车及半挂车（r20）、其他运输设备（r21）制造业部门。同时对服务业进行要素密集度分类，详见表 3.1。

表 3.1　产业分类和 WIOTs 对照产业

要素密集度分类	WIOTs 分类	产业名称	要素密集度分类	WIOTs 分类	产业名称
初级产业	r1	作物牲畜生产	资本密集型服务业	r24	电煤气供应
	r2	林业		r25	集水、水处理与水供应
	r3	渔业		r31	陆路及管道运输
	r4	采矿和采石		r32	水上运输
劳动密集型制造业	r6	纺织品服装皮革		r33	航空运输
	r7	木材及草编制品		r34	运输储藏
	r22	家具及其他制造		r35	邮政活动
	r23	机械设备修理		r37	出版活动
资本密集型制造业	r5	食品饮料烟草		r38	电影电视及出版
	r8	纸及纸制品		r39	电信
	r9	媒介物印制及复制		r44	房地产
	r10	焦炭精炼石油	知识密集型服务业	r40	计算机及信息服务
	r13	橡胶及塑料制品		r41	金融服务
	r14	非金属制品		r42	保险服务
	r15	基本金属		r43	金融保险及附属服务
	r16	金属制品		r45	法律会计管理咨询
知识密集型制造业	r11	化学制品		r46	建筑工程技术测试
	r12	医药产品和制剂		r47	科学研究与发展
	r17	电子及光学产品		r48	广告业和市场调研
	r18	电力设备		r49	其他专业技术和兽医
	r19	机械设备	公共服务业	r26	污水处理回收
	r20	汽车和挂车及半挂车		r50	行政和辅助活动
	r21	其他运输设备		r51	公共管理与国防
劳动密集型服务业	r27	建筑业		r52	教育
	r28	汽车摩托车销售		r53	人体健康和社会工作
	r29	批发贸易		r54	艺术及其他服务
	r30	零售贸易		r56	国际组织和机构活动
	r36	食宿服务活动			
	r55	家庭自用品服务			

3.2　不同方法比较

根据第 2 章分析，本节主要以 2008 年中国焦炭精炼石油部门（WIOTs 第 10 部门）对墨西哥增加值出口为例，来进一步说明 DVA_B、VAX_B 及 VAX_F 这三个概念在部门双边层面上度量国际生产分割的差异。表 3.2 展示了三种方法的计算结果。

表 3.2　2008 年中国焦炭精炼石油部门对墨西哥增加值出口三种度量方法比较

项目	总出口	DVA_B	VAX_B	VAX_B 直接出口部分	VAX_B 间接出口部分	VAX_F	VAX_F 通过本部门出口部分	VAX_F 通过其他部门出口部分
	(1)	(2)	(3)	(4)	(5)	(6)	(7)	(8)
价值/亿美元	0.81	0.59	0.87	0.52	0.36	2.48	0.26	2.22
指数	—	0.73	1.07	0.63	0.44	3.04	0.32	2.73

资料来源：WIOTs（2016 年 11 月发布），网址：http：//www.wiod.org/new_site/data.htm。作者计算而得。未经特殊说明，本章的所有资料均来源于此数据库，以下均同，不再一一注释

注：由数据四舍五入所致，两数相加不等于两数之和，此类情况余同

根据计算公式，VAX_F 指标计算了中国焦炭精炼石油部门创造的，隐含在本部门和其他部门出口到墨西哥最终被吸收的国内增加值部分，一方面，焦炭精炼石油部门出口到墨西哥并最终被吸收的精炼石油及其他原油加工产品中包含了本部门创造的增加值；另一方面，造纸、交通运输设备等其他行业出口到墨西哥最终被吸收的产品也使用了焦炭精炼石油部门的产品作为中间投入，焦炭精炼石油部门的国内增加值通过这些部门间接形成了对墨西哥的出口。根据表 3.2 第（6）～（8）列可以发现，2008 年中国焦炭精炼石油部门创造的增加值通过出口并在墨西哥最终被吸收的价值为 2.48 亿美元，通过本部门出口的增加值仅为 0.26 亿美元，而通过其他部门出口的增加值为 2.22 亿美元，是本部门出口的 8.54 倍。而相应的 VAX_F ratio 指数为 3.04，明显大于 1。

VAX_B 指标计算了隐含于中国焦炭精炼石油部门出口，并最终被墨西哥吸收的中国所有部门创造的国内增加值部分。这些增加值一方面通过直接出口到墨西哥并最终被吸收，形成直接出口部分；另一方面通过出口到第三国或者第四国再

次被出口到墨西哥并最终被吸收，形成间接出口部分。由表 3.2 第（3）～（5）列可以发现 2008 年中国焦炭精炼石油部门出口的并在墨西哥最终被吸收的国内增加值为 0.87 亿美元，远小于本部门创造的增加值出口，而直接出口到墨西哥最终被吸收的增加值仅为 0.52 亿美元，通过间接出口的增加值为 0.36 亿美元，两者几乎相等，这说明中国焦炭精炼石油部门与第三国及最终目的国墨西哥之间形成了体量较大且非常密切的生产分割体系。我们发现中国焦炭精炼石油部门的 VAX_B ratio 约等于 1，即出口到墨西哥并最终被吸收的国内增加值约等于出口额，因此，依据 VAX_B ratio 指标很容易形成中国焦炭精炼石油部门出口到墨西哥并最终被吸收的产品中全部为国内增加值的判断，即可能得到两国不存在国际生产分割的误判结果。

事实上，石油作为最重要的能源和优质化工原料，随着经济高速发展，在一次能源消费和生产中的需求比重迅速上升，中国早已成为石油等基础能源的进口大国，成为石油加工制造环节的佼佼者。根据表 3.2 第（1）列、第（2）列可以发现，中国焦炭精炼石油部门出口到墨西哥并最终被吸收的国内增加值仅为 0.72 亿美元，其中国外增加值为 0.22 亿美元，占到出口比重的 27%。计算的 DVA_B ratio 值为 0.73，这与中国石油原油大量进口的现状非常吻合。说明中国焦炭精炼石油部门主要进口原油等原材料，专业化于石油和加工制造环节，国际生产分割的程度也较高。

因此，基于以上分析，我们可以发现在部门双边层面，基于 VAX_F 和 VAX_B 的计算及相应指标均无法正确反映国际生产分割水平，而基于 DVA_B 计算的 DVA_B ratio 值则可以更好地反映部门双边层面的国际生产分割水平，本书也主要基于 DVA_B 计算的 DVA_B ratio 指标来分析国际生产分割呈现的特征。

3.3　国际生产分割的表现特征和变化趋势

本节主要结合 WIOTs 数据计算和分析 2000～2014 年世界国际生产分割的表现特征及变化趋势。首先，分析世界总体国际生产分割的现状和变化趋势；其次，跨部门比较分析世界三大行业国际生产分割水平差异和变化趋势；最后，将跨国比较分析世界 42 个主要国家国际生产分割水平差异和变化趋势。

3.3.1 世界总体国际生产分割现状

根据第 2 章式（2.68），计算了各国 DVA_B ratio 值，通过加权平均得到世界整体的国际生产分割水平。图 3.1 和表 3.3 展示了 2000～2014 年世界 DVA_B 和总出口及 DVA_B ratio 的变化趋势。

世界总体贸易额和增加值贸易额均呈现上升趋势。根据图 3.1 可以发现 2000～2014 年世界总体贸易额基本呈上升趋势。从 2000 年的 7.12 万亿美元（现价计算，下同）增加到 2014 年的 20.65 万亿美元，15 年间增长了 1.9 倍，其中 2001～2008 年贸易增长迅速，年均增长率达到 19.7%。2008 年的金融危机造成了全球贸易“断层”（Bems et al.，2011），世界贸易额从 2008 年的 17.65 万亿美元下降到 2009 年的 14.04 万亿美元，下降了 20.5%。2010 年后全球贸易持续复苏，2011 年已恢复到金融危机前的贸易水平。与全球贸易变化趋势相似，全球增加值出口额也呈现先升后降的趋势，从 2000 年的 5.36 万亿美元上升到 2008 年的 12.74 万亿美元，到 2009 年也同样受金融危机影响有所下降，下降到 10.46 万亿美元，下降了 17.9 个百分点，略低于总值贸易下降幅度，2010 年后呈现复苏趋势。

表 3.3　世界国际生产分割变化

年份	DVA_B ratio	年份	DVA_B ratio
（1）	（2）	（3）	（4）
2000	0.753	2009	0.745
2001	0.757	2010	0.728
2002	0.758	2011	0.716
2003	0.754	2012	0.718
2004	0.744	2013	0.719
2005	0.740	2014	0.720
2006	0.730	2000～2008	（0.032）
2007	0.727	2009～2011	（0.028）
2008	0.722	2012～2014	0.003

注：括号内为负值

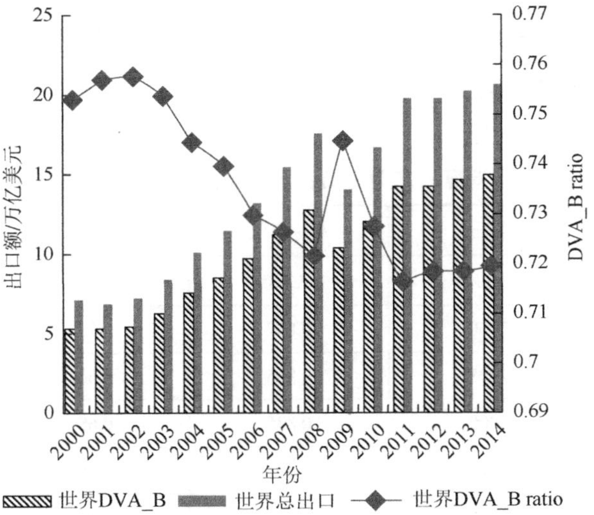

图 3.1　2000～2014 年世界 DVA_B 和总出口及 DVA_B ratio 变化趋势

与总值贸易和增加值贸易增长趋势截然不同的是，世界 DVA_B ratio 呈现迅速下降后缓慢上升的趋势。根据表 3.3 可以发现，世界 DVA_B ratio 从 2000 年的 0.753 下降到 2014 年的 0.720，下降了 0.033。其中，2011 年是最低点，为 0.716，2002～2008 年这一期间下降速度较快，这说明，伴随着全球贸易的迅速增长，全球的国际生产分割水平急剧上升。我们无法断定这一阶段的上升主要是由于全球贸易的繁荣为跨国生产提供了更为便利的条件，还是越来越紧密、越来越分割的跨国生产催生了跨国贸易流量的膨胀。但不可否认的是，国际生产分割水平的提高，势必表现为跨国贸易流量的增长。受经济危机影响，2009 年国际生产分割水平呈现下降趋势，这主要是由于全球贸易下降的幅度大于增加值贸易下降的幅度，说明受经济危机影响，外部需求具有较大的不确定性，许多国家出口生产所需求的中间品更多的由国外进口转向国内本土企业或者贸易同盟国家企业供给（Timmer et al.，2015）。由此可见，经济危机对国际生产分割水平的提升造成阻碍效应。

3.3.2　跨部门国际生产分割表现特征

进一步，本节将考察跨部门比较分析世界初级产业、制造业和服务业的国际生产分割水平差异和变化趋势，表 3.4 和图 3.2 展示了 2000～2014 年世界三产业出口占比及国际生产分割变化趋势。

表 3.4　世界三产业出口占比和国际生产分割水平变化

项目	年份	初级产业	制造业	服务业
	（1）	（2）	（3）	（4）
DVA_B ratio	2000	0.857	0.702	0.848
	2008	0.815	0.662	0.819
	2009	0.835	0.689	0.822
	2014	0.804	0.663	0.814
	2008～2009	0.021	0.027	0.003
	2000～2014	（0.053）	（0.040）	（0.035）
出口占比	2000	8.3%	65.8%	25.9%
	2008	11.8%	61.6%	26.6%
	2009	10.3%	60.9%	28.8%
	2014	11.0%	61.4%	27.6%
	2008～2009	（1.5%）	（0.7%）	2.2%
	2000～2014	2.7%	（4.4%）	1.7%

注：括号内为负值，余同

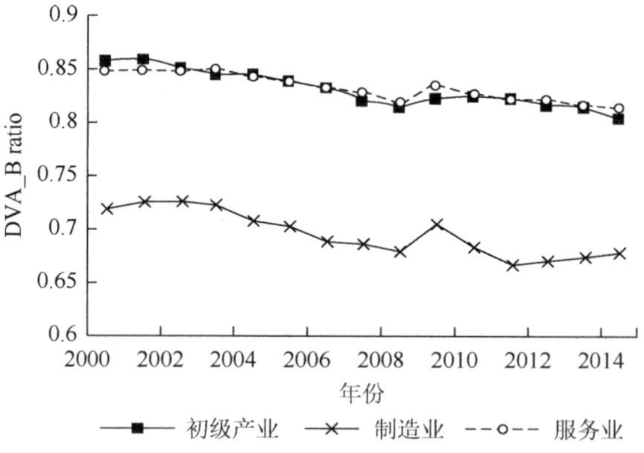

图 3.2　2000～2014 年世界三产业 DVA_B ratio 指数变化趋势

制造业国际生产分割水平较高，也是世界总体国际生产分割水平提升的主要原因。根据表3.4可以发现，2000年初级产业的DVA_B ratio指数为0.857，制造业为0.702，服务业为0.848，制造业的DVA_B ratio指数最小，服务业次之，初级产业最大；2008年三产业的DVA_B ratio指数分别为0.815、0.662、0.819，初级产业的DVA_B ratio指数略小于服务业，而制造业远小于初级产业和服务业的DVA_B ratio指数。这说明初级产业和服务业的国际生产分割水平相对较低，而制造业的国际生产分割水平最高。这一结论在图3.2 2000～2014年世界三产业DVA_B ratio指数变化趋势曲线高低走势可以得到佐证。2000～2014年初级产业DVA_B ratio指数由0.857下降到0.804，服务业由0.848下降到0.814，制造业由0.702下降到0.663，分别下降了0.053、0.034、0.039，初级产业下降的幅度最大，制造业次之，服务业最小；同时可以发现，在2014年，初级产业、制造业、服务业贸易比重分别占总贸易的11.0%、61.4%、27.6%，制造业贸易占到近2/3的贸易比重，充分说明世界总体国际生产分割水平上升主要是由于制造业水平的提升。一般而言，初级产业受土地因素的制约，可贸易性较差，专业化分工程度也受到限制，具有较强的本土性特征；服务业由于具有非实物性、不可储存性和生产与消费同时性等特征，大大限制了其专业化程度的提升；制造业涉及的制造环节较多，分工更为细致，由于中间投入实物便利性，因此其可以更好地将生产各环节根据资源禀赋及其他因素配置到全球各地，以实现生产资源的优化配置，达到降低生产成本的目的。

金融危机降低了所有行业的国际生产分割水平，从而导致总体国际生产分割水平的下降。由表3.3第（4）列可以发现，2008～2009年受金融危机影响，世界总体DVA_B ratio指数上升了0.023。根据表3.4第（2）～（4）列发现，这一时期，世界初级产业、制造业、服务业的DVA_B ratio指数分别上升了0.021、0.027、0.003，而三产业的贸易结构变化并不大（初级产业下降了1.5%，服务业上升了2.2%，制造业下降0.7%），这说明金融危机降低了全行业的DVA_B ratio国际生产分割水平，对贸易结构的影响不大。

3.3.3 跨国国际生产分割表现特征

本节将考察世界各国国际生产分割水平差异和变化趋势，考虑到金融危机对国际贸易流量和国际生产分割都产生了一定的影响，将考察2000年和2014年各经济体的水平表现差异，表3.5展示了2000年和2014年世界主要42个国家国际生产分割水平。同时在图3.3展示了2000～2014年世界主要42个国家国际生产分割变化趋势。

表3.5 世界主要42个国家2000年和2014年国际生产分割水平

国家	2000年 DVA_B ratio	2014年 DVA_B ratio	DVA_B ratio 2000～2014年	2014年出口额/万亿美元（当年价格）	2014年出口总量排名	2014年国际生产分割水平排名	国际生产分割下降幅度排名	2000年国际生产分割水平排名
（1）	（2）	（3）	（4）	（5）	（6）	（7）	（8）	（9）
卢森堡	0.444	0.339	（0.105）	0.118	28	1	7	2
马耳他	0.422	0.345	（0.077）	0.013	41	2	14	1
匈牙利	0.521	0.480	（0.041）	0.116	29	3	25	3
爱尔兰	0.589	0.506	（0.084）	0.263	19	4	10	4
斯洛伐克	0.615	0.517	（0.098）	0.082	31	5	8	5
比利时	0.620	0.536	（0.084）	0.383	13	6	11	6
捷克	0.683	0.538	（0.145）	0.162	27	7	1	11
爱沙尼亚	0.644	0.565	（0.080）	0.018	39	8	12	7
保加利亚	0.687	0.618	（0.070）	0.032	36	9	17	13
丹麦	0.685	0.623	（0.062）	0.170	26	10	20	12
斯洛文尼亚	0.668	0.625	（0.043）	0.031	38	11	24	8
荷兰	0.734	0.626	（0.108）	0.575	9	12	6	19
奥地利	0.708	0.634	（0.074）	0.211	23	13	15	15
立陶宛	0.769	0.642	（0.127）	0.033	35	14	3	29
韩国	0.696	0.644	（0.051）	0.698	7	15	21	14
芬兰	0.738	0.648	（0.090）	0.100	30	16	9	21
墨西哥	0.669	0.659	（0.010）	0.368	15	17	35	9
西班牙	0.735	0.684	（0.051）	0.389	12	18	22	20

续表

国家	2000年DVA_B ratio	2014年DVA_B ratio	DVA_B ratio 2000～2014年	2014年出口额/万亿美元（当年价格）	2014年出口总量排名	2014年国际生产分割水平排名	国际生产分割下降幅度排名	2000年国际生产分割水平排名
（1）	（2）	（3）	（4）	（5）	（6）	（7）	（8）	（9）
波兰	0.750	0.685	（0.065）	0.252	20	19	19	25
葡萄牙	0.719	0.686	（0.033）	0.077	33	20	28	18
拉脱维亚	0.760	0.688	（0.072）	0.015	40	21	16	27
希腊	0.808	0.695	（0.113）	0.056	34	22	5	33
德国	0.746	0.698	（0.048）	1.682	3	23	23	23
瑞典	0.712	0.707	（0.005）	0.235	22	24	36	17
法国	0.743	0.711	（0.033）	0.760	5	25	27	22
土耳其	0.834	0.712	（0.122）	0.250	21	26	4	36
塞浦路斯	0.674	0.719	0.044	0.009	42	27	42	10
克罗地亚	0.754	0.726	（0.029）	0.023	38	28	29	26
意大利	0.797	0.729	（0.068）	0.589	8	29	18	31
罗马尼亚	0.749	0.731	（0.018）	0.078	32	30	31	24
瑞士	0.764	0.742	（0.023）	0.353	16	31	30	28
加拿大	0.708	0.747	0.039	0.564	10	32	41	16
日本	0.884	0.754	（0.130）	0.818	4	33	2	41
印度	0.865	0.789	（0.077）	0.369	14	34	13	39
英国	0.806	0.793	（0.012）	0.752	6	35	34	32
中国	0.824	0.807	（0.017）	2.425	1	36	32	35
美国	0.790	0.808	0.018	1.927	2	37	40	30
印度尼西亚	0.813	0.822	0.009	0.211	24	38	38	34
挪威	0.862	0.825	（0.038）	0.188	25	39	26	38
澳大利亚	0.845	0.852	0.007	0.287	17	40	37	37
巴西	0.881	0.867	（0.014）	0.270	18	41	33	40
俄罗斯	0.902	0.915	0.013	0.494	11	42	39	42
最大值	0.902	0.915	（0.145）	2.425	—	—	—	—
均值	0.729	0.677	（0.052）	—	—	—	—	—
最小值	0.422	0.339	0.044	0.009	—	—	—	—

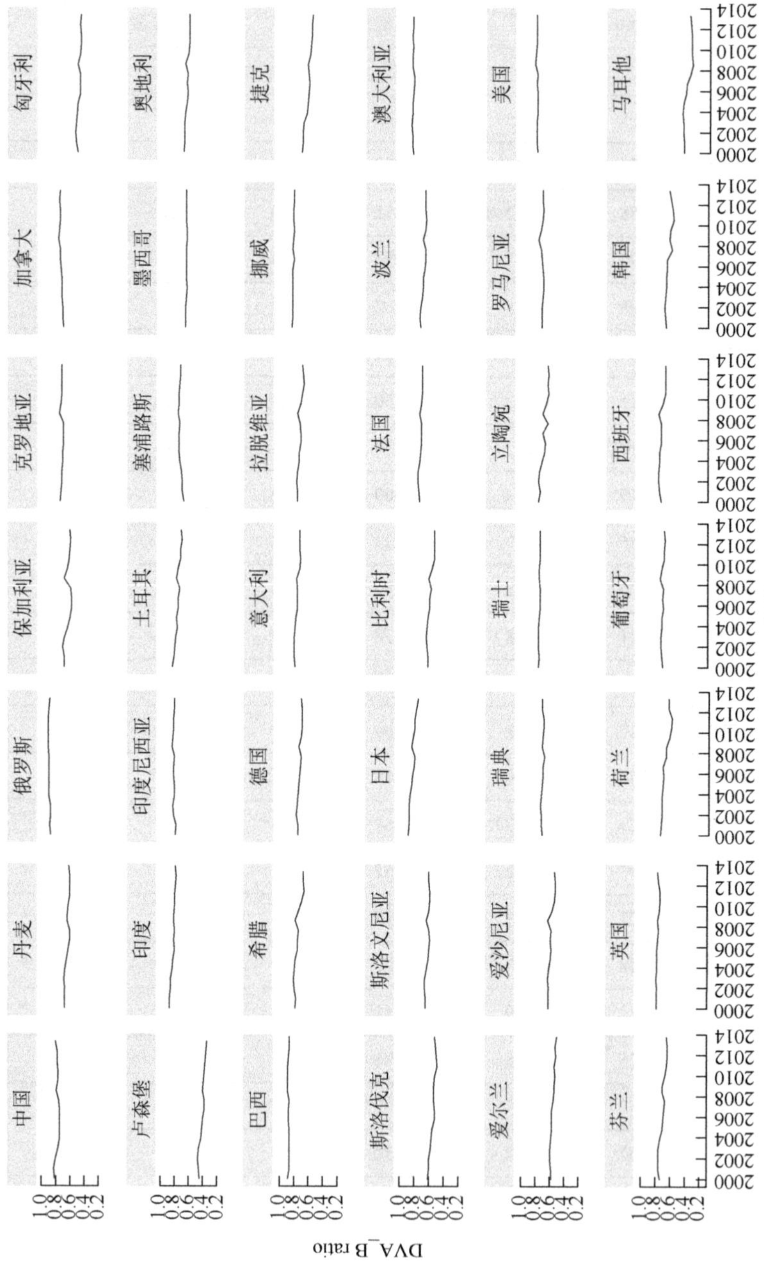

图 3.3　2000～2014 年全球 42 个国家国际生产分割水平变化趋势

不同国家国际生产分割水平具有较大的异质性。异质性主要表现为两个方面：首先，不同国家的国际生产分割水平不同；其次，同一时期间隔内，不同国家国际生产分割水平的变化具有差异性。根据表3.5第（3）列可以发现，2014年世界主要42个国家的DVA_B ratio指数的变化区间为[0.339，0.915]，离差为0.576，均值为0.677。其中，DVA_B ratio指数最大的国家为俄罗斯，最小的国家为卢森堡。这说明不同国家的国际生产分割水平有较大差异性，且这种差异性与国家个体特征具有密切的联系。2014年DVA_B ratio指数在0.55以下的国家分别为卢森堡、马耳他、匈牙利、爱尔兰、斯洛伐克、比利时、捷克等国家，这些国家的普遍特征是经济体量相对较小，且出口体量在42个国家中排名中等位置。传统出口体量较大的国家，如2014年排名前五的中国、美国、日本、法国和德国的DVA_B ratio指数分别为0.807、0.808、0.754、0.711和0.698，2014年国际生产分割水平排名分别位列第36、37、23、33和25位，处于中等靠后的位置。而传统的资源出口大国，如澳大利亚、巴西和俄罗斯则具有较低的国际生产分割水平。国际生产分割水平与一国的开放程度和国家技术水平密切相关。小国无法生产国内最终需求所需要的所有产品，会专业化于某一个生产环节，对国外产品的依赖属性可以诱发更多贸易伙伴的增加值，这就反映了一个相对较高的国际生产分割水平。

由表3.5第（4）列可以发现，2000～2014年除塞浦路斯、加拿大、印度尼西亚、美国、澳大利亚和俄罗斯外，其余36个国家DVA_B ratio指数都出现了下降现象。这一期间变化幅度区间为[–0.145，0.044]，离差为0.189，均值为–0.052。其中，DVA_B ratio指数下降幅度最大的国家为捷克，最小的国家为塞浦路斯（变化值为正，有所上升）。这说明与世界整体国际生产分割水平下降的趋势不同，不同国家的国际生产分割水平变化也具有很大的差异性。DVA_B ratio指数下降幅度在0.1以上的国家包括土耳其、立陶宛、卢森堡、捷克、希腊这些出口体量位居中下等水平的国家，也包括日本荷兰等出口体量较大的国家。从另外一个角度，这些国家中既有老牌的欧盟成员国，如荷兰、卢森堡和希腊，也有新加入的欧盟成员国，如立陶宛、捷克（2004年加入欧盟），而2004年同期加入欧盟的塞浦路斯国际生产分割水平却在不断降低。这说明贸易同盟和共同市场对国际生产分割水平的影响根据不同国家具有差异性。同时，出口较大的国家的国际生产分割水平变化也具有一定的差异性，日本的 DVA_B ratio 指数的下降幅度达到 0.130，德国、法国和中国的下降幅度略低，而美国略有上升。

各国 2000～2014 年的 DVA_B ratio 指数的变化趋势见图 3.3。可以发现，大部分国家都经历了下降趋势，而在 2009 年，几乎所有国家都经历了上升的走势，这说明，金融危机对所有国家的国际生产分割水平影响是普遍性的，不是单独的几个国家和产业，而是波及所有国家和所有产业。

3.4 中国国际生产分割的几个典型事实

本节主要根据测算结果考察在 2000～2014 年中国国际生产分割的几个典型事实。首先，整体考察中国国际生产分割呈现的特征和变化趋势；其次，考察中国与主要贸易伙伴的双边国际生产分割变化和特征；最后，考察中国分行业的国际生产分割表现特征，从而为进一步的产业层面和双边、多边政策提供参考建议。同时考虑到在考察期内 2008 年金融危机对全球贸易造成了“断层”，本书在考察金融危机对中国国际生产分割影响的基础上，将分析时段主要放在 2008 年金融危机前的时期内。

3.4.1 中国整体国际生产分割特征

根据式（2.67），计算了中国整体 DVA_B 及 DVA_B ratio，如图 3.4 所示，同时还展示了中国整体出口变化特征。

中国整体总值贸易额和增加值贸易额均呈现上升趋势，金融危机产生了负面影响。根据图 3.4，可以发现，与世界整体贸易增长趋势类似，2000～2014 年中国出口额经历了迅速增长，加入 WTO 之后，更低的关税和更大的市场带动了中国出口贸易的繁荣，从 2001 年 0.28 万亿美元增长到 2008 年的 1.54 万亿美元，增长了近 4.5 倍。这一时期中国总体 DVA_B 也表现了类似的增长趋势，从 2001 年的 0.23 万亿美元增长到 2008 年的 1.18 万亿美元，低于出口额的增长幅度，增长了 4.13 倍。2008 年金融危机对总值出口和增加值出口都产生了负面影响，

2009 年分别下降到 1.29 万亿美元和 1.04 万亿美元。但 2010 年迅速回升，已超过 2008 年的水平。

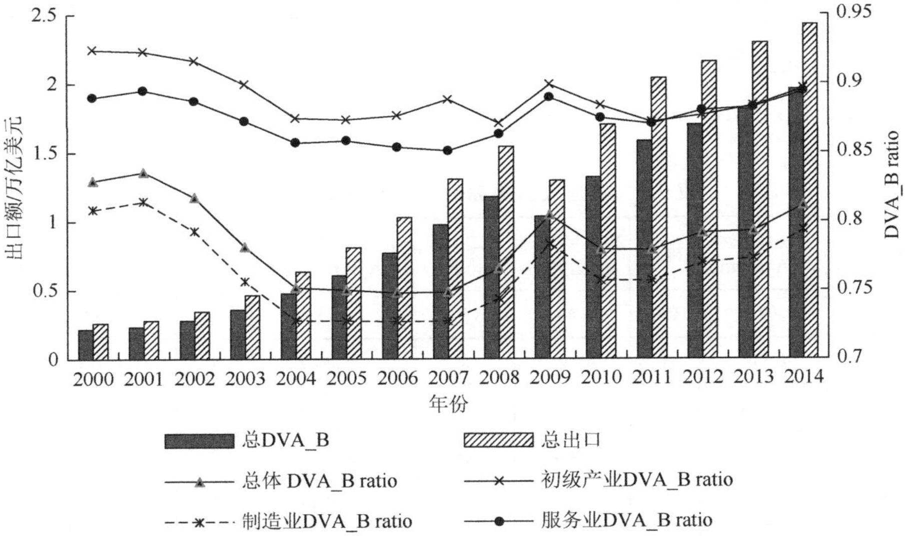

图 3.4 2000～2014 年中国总体 DVA_B 和出口及 DVA_B ratio 变化趋势

中国国际生产分割水平整体呈现上升趋势，但变化趋势不均匀。从图 3.4 和表 3.5 可以发现，2000～2014 年中国 DVA_B ratio 指数由 0.824 下降到 0.807，下降了 0.017。这说明中国国际生产分割水平整体呈现了提升。但变化呈现不均匀特征：2001～2007 年中国整体 DVA_B ratio 指数呈现下降趋势，由 2000 年的 0.824 下降到 2007 年的 0.747；2007 年后缓慢攀升，至 2009 年达到最高点 0.8；2009 年后下降，2011 年后出现平稳的攀升。值得注意的是，2000～2007 年国际生产分割水平快速提升的期间也是中国加入 WTO 后中国贸易迅速增长的阶段。

与世界平均水平相比，中国整体国际生产分割水平仍较低。根据表 3.3 和图 3.4 对比可以发现，2000 年中国 DVA_B ratio 指数高于世界平均水平的 0.753，2014 年的指数同样高于世界平均水平的 0.720，其他年份的均高于世界平均水平。这说明与世界平均水平相比，中国整体国际生产分割水平仍较低。

3.4.2 中国国际生产分割双边特征分析

进一步，根据式(2.67)，计算了中国对 41 个主要贸易伙伴的双边 DVA_B ratio 及出口额（这里刨除了 WIOTs 中一些经济体：the rest of world，ROW，即其他国家），如表 3.6 所示。

表 3.6　中国双边国际生产分割水平及出口总额

国家	2014 年 DVA_B ratio	排名	2014 年出口额/亿美元	双边出口排名	2000～2014 年 DVA_B ratio 差额	差额排名	制造业 2014 年 DVA_B ratio	排名
(1)	(2)	(3)	(4)	(5)	(6)	(7)	(8)	(9)
韩国	0.718	1	1019.2	3	(0.092)	1	0.711	1
匈牙利	0.748	2	54.0	25	(0.021)	12	0.739	2
捷克	0.763	3	89.0	21	(0.054)	3	0.756	3
卢森堡	0.786	4	9.1	37	(0.075)	2	0.761	4
斯洛伐克	0.787	5	20.0	32	(0.035)	7	0.784	5
荷兰	0.798	6	426.4	10	(0.038)	6	0.785	6
日本	0.799	7	1728.6	2	(0.039)	5	0.796	11
爱沙尼亚	0.799	8	10.7	34	0.038	40	0.793	10
墨西哥	0.800	9	383.3	13	(0.011)	19	0.799	13
罗马尼亚	0.804	10	26.1	30	(0.053)	4	0.800	14
爱尔兰	0.806	11	34.7	29	(0.016)	16	0.788	8
德国	0.807	12	884.6	4	(0.003)	28	0.798	12
澳大利亚	0.808	13	484.6	8	(0.021)	13	0.804	15
土耳其	0.808	14	231.5	16	(0.005)	26	0.807	17
瑞士	0.809	15	72.9	22	(0.031)	8	0.790	9
芬兰	0.810	16	68.7	23	0.054	41	0.787	7
波兰	0.810	17	143.2	18	(0.017)	14	0.805	16
印度	0.814	18	448.7	9	(0.014)	17	0.809	19
美国	0.815	19	3473.1	1	(0.001)	31	0.813	22
印度尼西亚	0.816	20	349.7	14	(0.031)	9	0.808	18

续表

国家	2014 年 DVA_B ratio	排名	2014 年出口额/亿美元	双边出口排名	2000～2014 年 DVA_B ratio 差额	差额排名	制造业 2014 年 DVA_B ratio	排名
（1）	（2）	（3）	（4）	（5）	（6）	（7）	（8）	（9）
巴西	0.816	21	389.9	12	0.014	37	0.813	23
英国	0.817	22	518.5	6	（0.003）	29	0.814	24
奥地利	0.820	23	42.4	27	（0.006）	25	0.809	20
法国	0.823	24	412.9	11	0.012	35	0.810	21
葡萄牙	0.824	25	22.5	31	（0.002）	30	0.822	29
加拿大	0.826	26	496.4	7	（0.009）	23	0.820	28
意大利	0.826	27	288.7	15	（0.010）	22	0.819	27
马耳他	0.827	28	4.5	41	（0.022）	11	0.824	34
保加利亚	0.827	29	10.3	35	（0.024）	10	0.823	30
比利时	0.828	30	118.0	19	0.001	33	0.815	25
立陶宛	0.829	31	9.5	36	0.014	36	0.825	35
克罗地亚	0.829	32	7.1	38	（0.013）	18	0.824	33
希腊	0.830	33	41.9	28	（0.010）	21	0.826	36
挪威	0.831	34	45.6	26	（0.008）	24	0.824	32
丹麦	0.832	35	62.0	24	（0.017）	15	0.824	31
斯洛文尼亚	0.833	36	13.7	33	（0.005）	27	0.830	37
西班牙	0.835	37	21.50	17	0.002	34	0.832	38
瑞典	0.836	38	111.7	20	0.020	38	0.815	26
拉脱维亚	0.838	39	6.5	39	（0.011）	20	0.835	39
塞浦路斯	0.844	40	5.8	40	（0.001）	32	0.841	40
俄罗斯	0.871	41	652.0	5	0.028	39	0.870	41
最大值	0.871	—	3473.1	—	0.054	—	0.870	—
均值	0.813	—	606.9	—	（0.013）	—	0.806	—
最小值	0.718	—	4.5	—	（0.092）	—	0.711	—

中国与不同贸易伙伴之间的双边国际生产分割水平具有异质性。这种异质性同样表现为两个方面：第一，中国与不同贸易伙伴的双边国际生产分割水平不同，

具有较强的区域性痕迹；第二，同一时期间隔，中国双边国际生产分割水平具有一定程度地提高，但与不同贸易伙伴的指标变化具有较大的差异性。

根据表 3.6 第(2)列可以发现，2014 年中国与主要贸易伙伴的双边 DVA_B ratio 指数分布区间为[0.718，0.871]，离差为 0.153，均值为 0.813。其中，双边 DVA_B ratio 指数最大的贸易伙伴对象为俄罗斯，最小的为韩国。这说明中国与不同贸易伙伴的双边国际生产分割水平有较大的差异。这种差异性有两个明显的特征：一是具有较强的区域性痕迹，如与地理距离较近的韩国、日本等国家和地区的双边 DVA_B ratio 指数都小于同一时期中国总体 DVA_B ratio 指数（2014 年与韩国、日本的双边 DVA_B ratio 指数分别为 0.718、0.799，而中国总体 DVA_B ratio 指数为 0.807），尤其是与韩国的双边 DVA_B ratio 指数位列第 1 位。这主要是由于同属于亚洲区域，虽然未形成正式的贸易同盟，但得益于地理邻近，贸易成本的降低促成了较为密切的国际生产体系，形成了生产的国际分割。本书也将关注国际生产分割体系的这种区域性特征，在剩下的核心章节中将分别以中国和世界主要贸易代表国家或地区为例来集中探讨国际生产分割呈现的区域性特征及决定因素。二是与贸易伙伴国的个体特征有密切的联系。例如，贸易伙伴是否具有较高的国际生产分割水平，以及双边贸易规模的大小等。根据表 3.6 第（2）列可以发现，具有较高双边国际生产分割水平的贸易伙伴，如匈牙利、捷克、卢森堡、斯洛伐克等国家和地区，本身具有较高的国际生产分割水平。但另一些国家，如马耳他和墨西哥，这种联系却不明显（马耳他自身国际生产分割水平较高，但与中国的双边水平却较低；墨西哥自身国际生产分割水平较低，但与中国的双边水平却较高）。另外，根据表 3.6 第（4）列可以发现，2014 年中国主要的贸易伙伴国日本、德国、韩国（2014 年中国对这 3 个国家的出口规模分别位居 2～4 位）的双边国际生产分割水平相对较高，而另一些贸易伙伴国，如俄罗斯、英国、加拿大（2014 年中国对这 3 个国家的出口规模分别位列 5～7 位）的双边国际生产分割水平相对较低。

根据表 3.6 第（6）列，可以发现，2000～2014 年中国与大部分主要贸易伙伴的双边 DVA_B ratio 指数均呈现了下降趋势，变化的分布区间为[–0.092，0.054]，离差为 0.146，均值为–0.013。其中，双边 DVA_B ratio 指数下降幅度最大的贸易伙伴对象为韩国，最小的为芬兰（呈现了增长趋势）。这表明 2000～2014 年中国与大部分不同贸易伙伴的双边国际生产分割水平都有一定程度的提高（除爱沙尼亚、芬兰、巴西、法国、比利时、立陶宛、西班牙、瑞典、俄罗斯外），但变化幅度也具有较大的差异性。中国与韩国、日本的双边 DVA_B ratio 指数分别下降了 0.092 和 0.039，均超过平均水平；而主要的贸易伙伴国，如美国、德国的双边 DVA_B ratio 指数分别下降了 0.001 和 0.003，分别位列下降幅度排名的第 31 位和第 28 位。另外，表 3.6 第（8）～（9）列分别罗列了 2014 年基于制造业的中国与主要贸易伙伴双边 DVA_B ratio 指数大小及排名，发现基于制造业的双边 DVA_B ratio 指数均低于总体双边 DVA_B ratio 指数，这与制造业分工更细、程序更复杂的特征有密切关系，同时也验证了制造业国际生产分割水平更高的结论。

2000～2014 年中国与主要 41 个贸易伙伴的双边 DVA_B ratio 指数的变化趋势见图 3.5。可以发现，2000～2014 年中国与大部分贸易伙伴的双边 DVA_B ratio 指数均出现了较为明显的下降趋势，2009 年仍然是一个上升的拐点，之后经历下行走势。这说明金融危机对中国与所有贸易伙伴的双边国际生产分割水平的影响也是普遍性的。

3.4.3　中国跨部门国际生产分割特征分析

接下来，将中国整体的国际生产分割的分析扩展到部门层面，分析中国跨部门国际生产分割表现特征。考虑到金融危机的影响，本节首先分析 2000 年和 2008 年中国加总三产业的国际生产分割特征和变化及与世界水平的比较；其次，以制造业为例，进一步分析中国制造业分行业国际生产分割特征及与世界平均水平比较；最后，分析 2000～2014 年中国分行业国际生产分割演变特征。

3.4.3.1　三产业国际生产分割水平变化及与世界水平比较

图 3.5 展示了 2000～2014 年中国双边国际生产分割水平变化趋势，图 3.6～图 3.8 分别展示了 2000 年、2008 年、2014 年中国三产业 DVA_B ratio 指数和世界对比，图 3.9 展示了 2000～2008 年中国三产业 DVA_B ratio 指数的变化与世界对比。

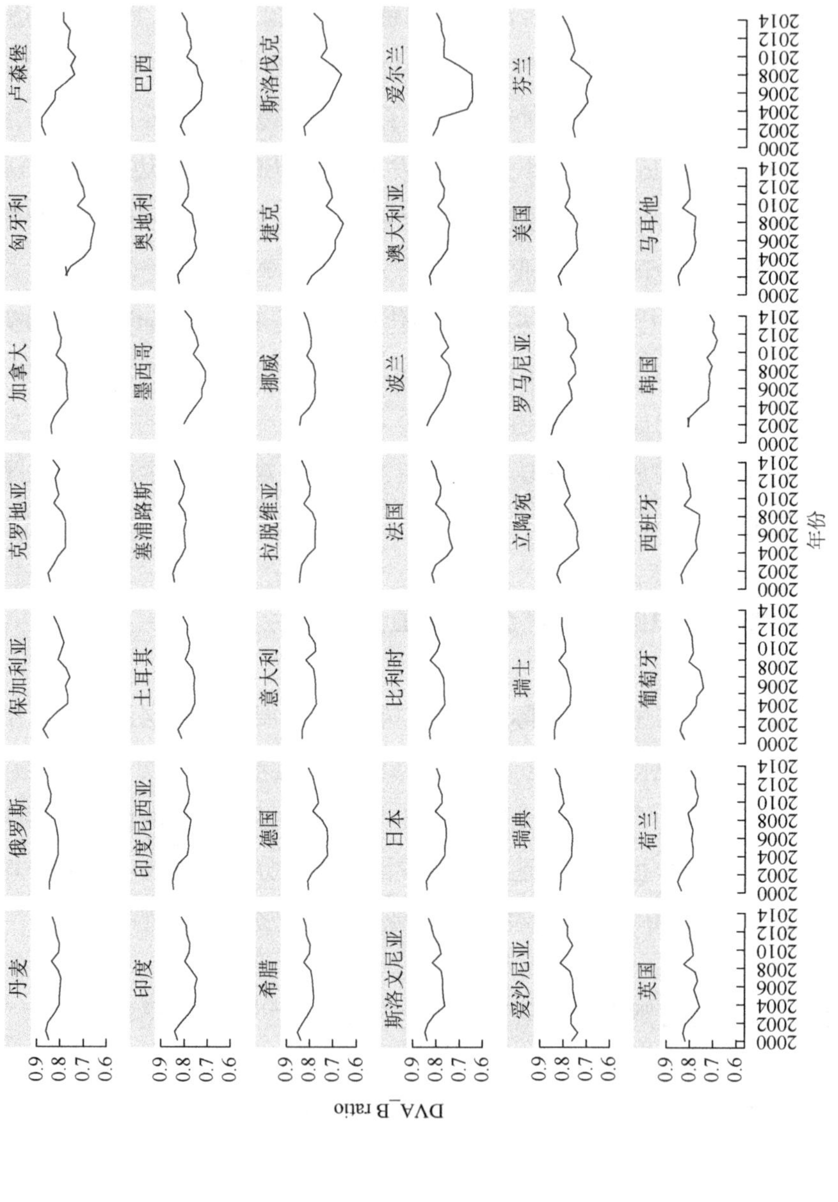

图 3.5　2000~2014 年中国双边国际生产分割水平变化趋势

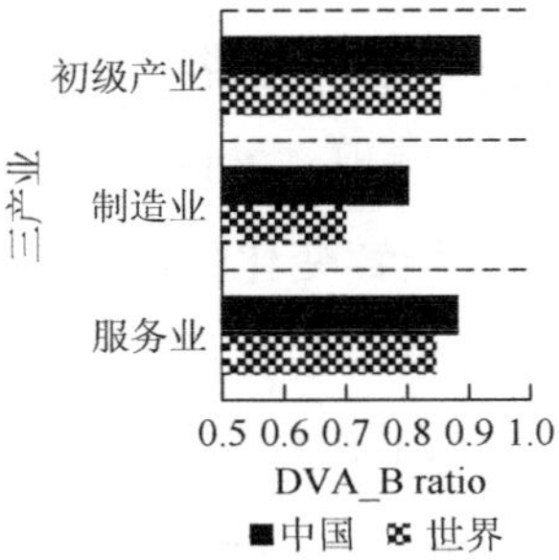

图 3.6 2000 年世界和中国三产业 DVA_B ratio 比较

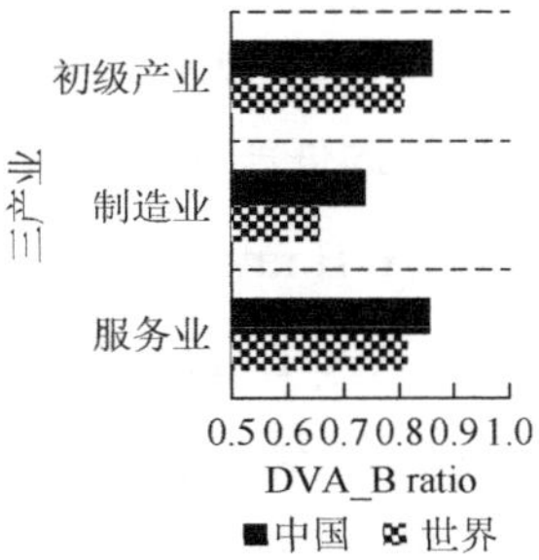

图 3.7 2008 年世界和中国三产业 DVA_B ratio 比较

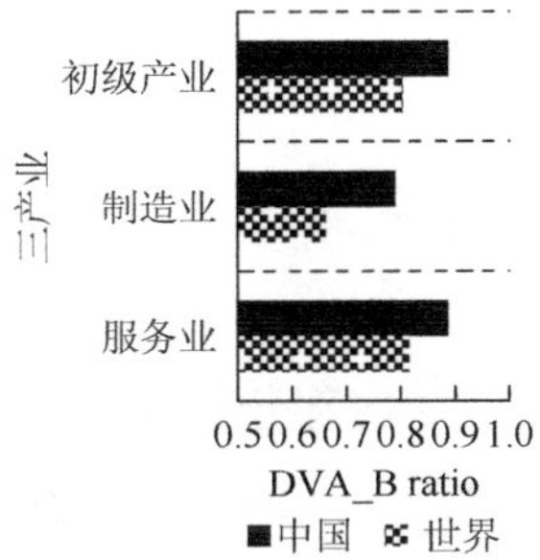

图 3.8 2014 年世界和中国三产业 DVA_B ratio 比较

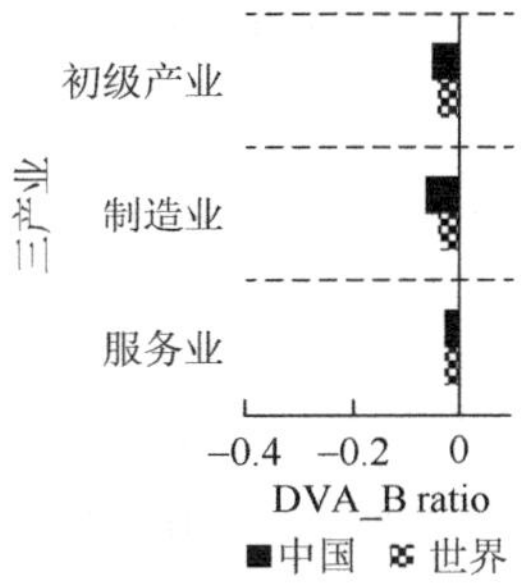

图 3.9 2000～2008 年世界和中国三产业 DVA_B ratio 变动比较

根据图 3.4 可以发现，中国制造业的国际生产分割水平较高，服务业次之，初级产业最低，制造业是国际生产分割水平变化的主要原因。初级产业、制造业和服务业的 DVA_B ratio 指数变化趋势与总体变化趋势类似，但产业之间有较大的差异性：在所有年份，初级产业的 DVA_B ratio 指数要高于服务业，服务业的 DVA_B ratio 指数高于制造业，且只有制造业的 DVA_B ratio 指数低于总体 DVA_B ratio 指数。这充分表明，中国制造业国际生产分割水平相对较高，而服务业次之，初级产业最低，制造业国际生产分割水平变化主导了中国总体国际生产分割水平的变化。

中国三产业国际生产分割水平均低于世界平均水平，2000～2008 年制造业和初级产业提升的速度高于世界平均水平。根据图 3.6～图 3.8 可以发现，不论 2000 年、2008 年还是 2014 年，中国初级产业、制造业、服务业的 DVA_B ratio 指数均高于世界总体的 DVA_B ratio 指数，其中 2000 年分别相差 0.058、0.102 和 0.034；2014 年差额分别为 0.085、0.127 和 0.73。根据三年的截面数据对比说明，中国三产业国际生产分割均低于世界平均水平。通过图 3.9 可以发现，2000～2008 年中国服务业的 DVA_B ratio 指数变化幅度小于世界的相应指数变化幅度，但制造业和初级产业的 DVA_B ratio 指数变化幅度均大于世界相应指数变化幅度。这充分说明加入 WTO 后至金融危机爆发前这一期间中国服务业国际生产分割水平提升的速度低于世界平均水平，但制造业和服务业的国际生产分割水平提升的速度高于世界平均水平。为进一步分析中国制造业产业内部分行业的国际生产分割水平与世界相应行业的差距，将在下一节进一步展开，比较分析中国制造业分行业国际生产分割与世界相应行业的差距和变化。

3.4.3.2　制造业分行业国际生产分割与世界水平比较

本节在上一节基础上，进一步比较分析中国制造业内部分行业国际生产分割与世界水平的差额。如图 3.10 和图 3.11 所示，分别呈现了 2000 年和 2014 年中国 22 个制造业分行业（中国第 23 个行业出口为 0）DVA_B ratio 指数和世界相应行业的对比，图 3.12 呈现了 2000～2008 年中国制造业分行业 DVA_B ratio 指数变化与世界的对比。

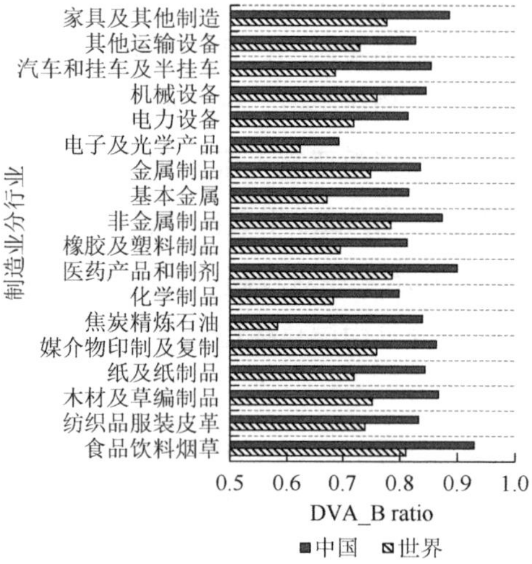

图 3.10　2000 年中国制造业分行业 DVA_B ratio 和世界相应行业的对比

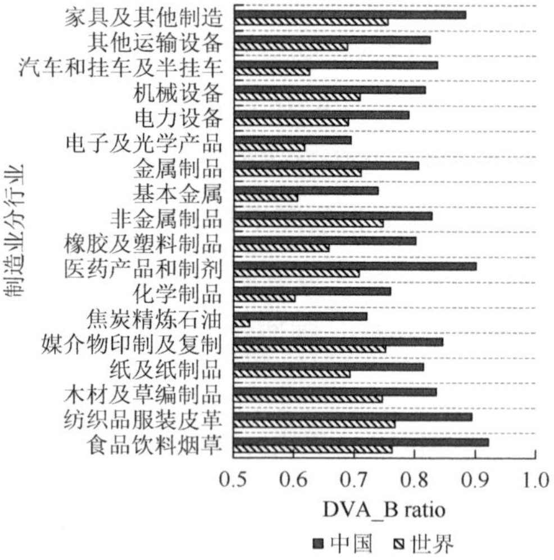

图 3.11　2014 年中国制造业分行业 DVA_B ratio 和世界相应行业的对比

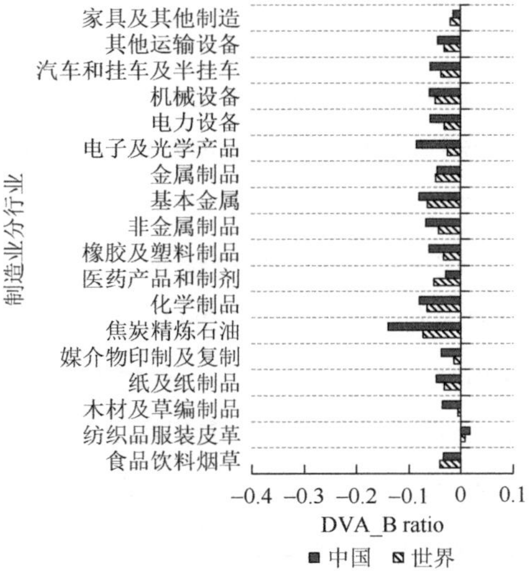

图 3.12 2000～2008 年中国制造业分行业 DVA_B ratio 指数变化与世界的对比

中国制造业分行业国际生产分割普遍低于世界平均水平，但变化幅度具有差异性。根据图 3.10 和图 3.11，通过 2000 年和 2014 年两年截面数据对比发现，中国制造业所有分行业 DVA_B ratio 指数均高于世界相应分行业的 DVA_B ratio 指数，这说明，中国制造业所有行业的国际生产分割均低于世界平均水平，均需进一步提升。通过图 3.12 可以发现，2000～2008 年纺织品服装皮革制造业 DVA_B ratio 指数变化为正，其他行业变化均为负，说明劳动密集型制造业的国际生产分割水平有所下降，这与中国 2005 年频繁收紧的加工贸易政策有关，促使加工贸易行业使用更多的国内中间品。除金属制品、家具及其他制造、医药产品和制剂、食品饮料烟草等制造业行业外，大部分制造业行业 DVA_B ratio 指数下降的幅度大于世界相应行业的指数下降幅度。这种差异性呈现了中国制造业行业国际生产分割变化的异质性。

中国制造业分行业国际生产分割普遍低于世界平均水平的结论似乎与中国繁荣的加工贸易现状相矛盾。一般认为，中国加工贸易行业通过进口国外原材料和中间品，基于丰富低廉的劳动力完成最后组装环节并再次出口到国外最终消费。由于中国只参与了最后的组装环节，理论上来讲中国似乎在生产环节的增值非常少，相应的 DVA_B ratio 指数也会非常小，应该得到国际生产分割水平较高的结论。本书认为出现这个结论与实际并不违背，主要基于以下三个原因：第一，加工贸易企业主要位于劳动密集型行业中，这些行业所需技术水平并不太高，能够分割的生产环节较少，实际上生产的国际分割程度远没有资本密集型和知识密集型制造业行业深，从图 3.10 和图 3.11 中世界制造业分行业较多行业 DVA_B ratio 指数显著高于化学制品等很多资本密集型制造业和知识密集型制造业的 DVA_B ratio 指数可以看出，行业特性决定国际生产分割的程度远不如其他行业，从 2000～2014 年这些行业变化的幅度最小也可以佐证；第二，这些行业主要集中在劳动要素比较丰富的发展中国家，最近有由中国向劳动成本更低的东南亚国家转移的趋势，这也会造成中国的 DVA_B ratio 指数有所上升；第三，伴随着中国劳动力成本的提高，以及 2005 年就开始的加工贸易频繁收紧政策取得实效，一方面，提高了中国劳动密集型制造业的要素增值能力，另一方面，也大大缩小了这些行业中加工贸易的比重，甚至鼓励他们采用更多的国内投入品，导致 DVA_B ratio 指数的提升，图 3.12 中 2000～2008 年中国这些行业的 DVA_B ratio 指数增幅为正可以佐证。

3.4.3.3　分行业国际生产分割变化趋势

图 3.13 子图（a）展示了 2000～2014 年初级产业农林牧副渔和采矿业两行业的 DVA_B ratio 指数变化趋势。可以发现，农林牧副渔行业的 DVA_B ratio 指数基

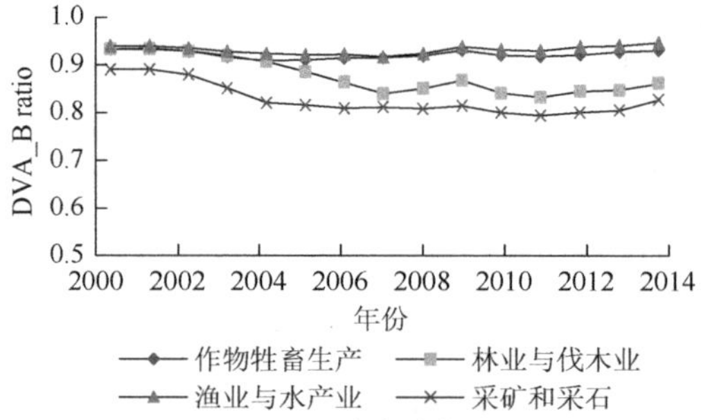

(a) 初级产业

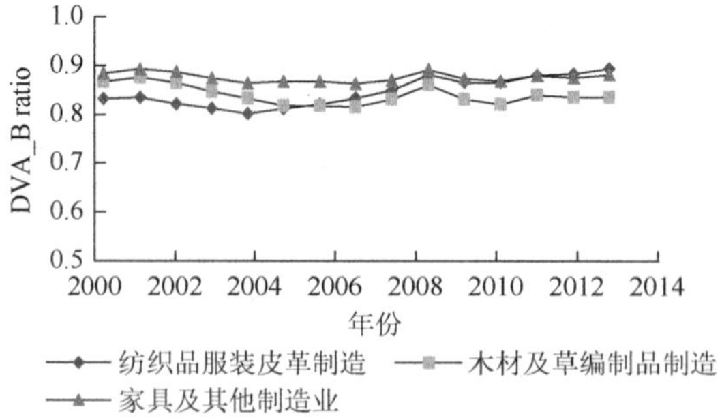

(b) 劳动密集型制造业

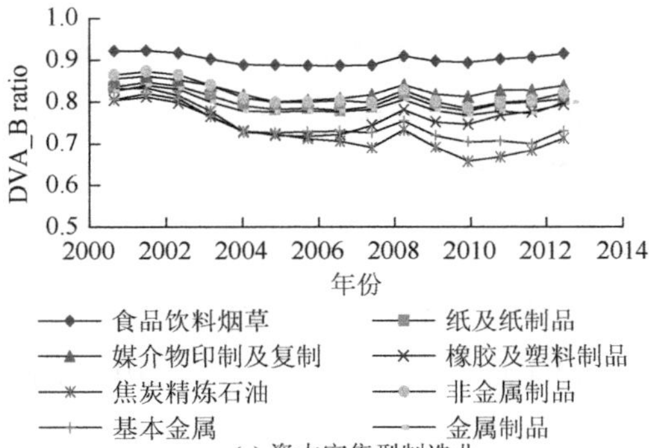

(c) 资本密集型制造业

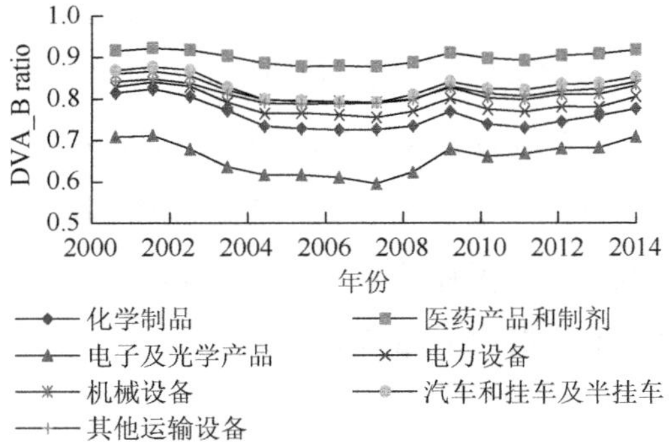

(d) 知识密集型制造业

图 3.13 2000～2014 年中国初级产业和制造业分行业国际生产分割水平变化趋势

本较为稳定，采矿业的 DVA_B ratio 指数呈现下降趋势，但下降幅度并不大。这表明四个初级行业国际生产分割水平变化并不大，与其生产中所要使用的最重要的要素——土地和空间的不可移动性有密切关联。

图 3.13 子图（b）、（c）、（d）分别展示了 2000～2014 年按要素密集度分类的制造业分行业 DVA_B ratio 指数变化趋势。可以发现，不同要素密集度制造业行业的国际生产分割具有一定的共性和差异性。子图（b）显示劳动密集型制造业的 DVA_B ratio 指数相对较高且变化较为稳定；子图（c）、（d）显示资本密集型制造业和知识密集型制造业的指数相对较低且变化相对较大。这说明劳动密集型制造业的国际生产分割水平相对资本密集型制造业和知识密集型制造业更低一些。在要素密集度内部行业也呈现一定的差异性。劳动密集型制造业各行业的 DVA_B ratio 指数变化趋势基本类似，且国际生产分割水平差异不大。资本密集型制造业内部行业，如食品饮料烟草制造行业的国际生产分割水平相对较低，且一直保持在一个稳定水平；媒介物印制及复制、纸及纸制品、橡胶及塑料制品、金属制品制造业行业的国际生产分割水平位于中等位

置，呈现略微提升；焦炭精炼石油、基本金属、非金属制品行业的国际生产分割水平相对较高，且处于一个明显提升的趋势。知识密集型制造业内部行业中，医药产品和制剂制造业行业的国际生产分割水平较低，化学制品、机械设备、电力设备、汽车和挂车及半挂车，以及其他运输设备制造业行业的国际生产分割水平处于中等位置，但在逐步提升；电子及光学产品行业的国际生产分割水平相对较高，提升趋势依然明显。

图 3.14（a）～图 3.14（d）分别展示了 2000～2016 年按要素密集度服务业分类和公共服务业分行业 DVA_B ratio 指数变化趋势。与制造业不同，各服务业大类的国际生产分割水平较低，其变化趋势也较为类似。根据图 3.14 可以发现，除了计算机及信息服务、航空运输、电煤气供应三个服务业的 DVA_B ratio 指数在部分年份低于 0.8 以外，其他服务业行业的 DVA_B ratio 指数均高于 0.8。这表明中国服务业的国际生产分割水平普遍较低。考虑到中国服务业出口比重较小的事实，进一步扶持服务业出口，鼓励服务业开展国际外包，提升国际生产分割水平对促进服务业外贸竞争力提升具有重要意义。

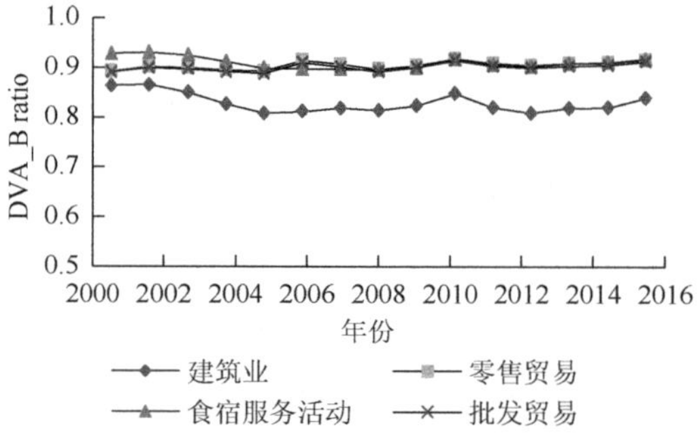

(a) 劳动密集型服务业

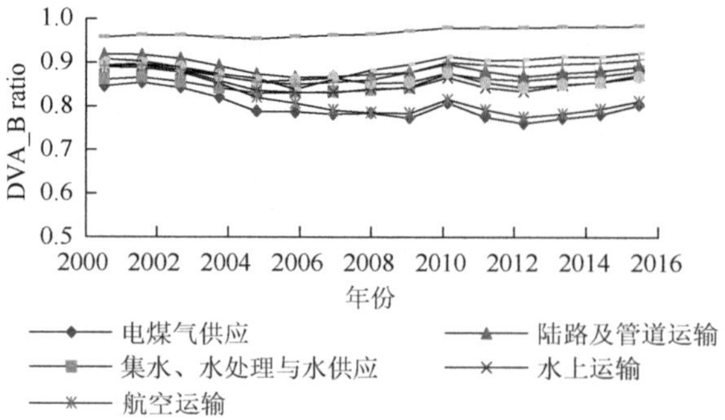

(b) 资本密集型服务业

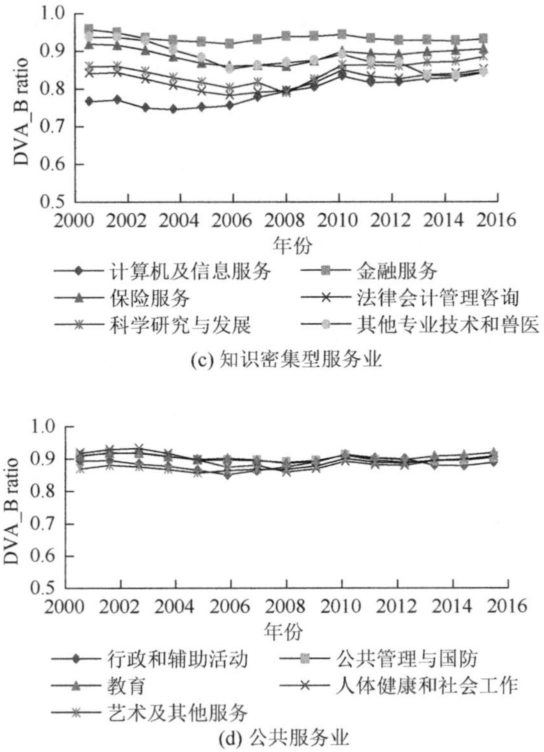

图 3.14 2000～2016 年中国服务业分行业国际生产分割水平变化趋势

3.5 中国国际生产分割的变化机制

之前分析表明，中国国际生产分割水平呈现逐步下降趋势。同时，制造业的下降趋势较为明显，而初级产业和服务业的下降趋势则不是很明显，即使在制造业内部，各行业的变化趋势均不相同。将中国整体国际生产分割变化与分行业表现联系起来，可以将中国总体国际生产分割变化归因于行业国际生产分割水平的变化及出口结构的变化。我们感兴趣的问题就是，中国总体国际生产分割下降是由于行业国际生产分割水平下降，还是由于国际生产分割水平比较低的行业出口比重上升，即出口结构的变化引起的。

为进一步检验中国整体国际生产分割的变化机制，我们进一步将 DVA_B ratio 指数分解为产业内效应和产业间效应。在两国两部门情形下，根据 S 国 DVA_B ratio 指数计算公式，可得到

$$\text{DVA\_B ratio}^s=\frac{\text{DVA\_B}_i^s+\text{DVA\_B}_j^s}{\text{EX}^s}=\left(\frac{\text{DVA\_B}_i^s}{\text{EX}_i^s}\times\frac{\text{EX}_i^s}{\text{EX}^s}\right)+\left(\frac{\text{DVA\_B}_j^s}{\text{EX}_j^s}\times\frac{\text{EX}_j^s}{\text{EX}^s}\right) \tag{3.1}$$

式（3.1）显示，DVA _ B ratio 指数的变化可归结为两个动因：一是即使出口结构没有调整（$\frac{\text{EX}_i^s}{\text{EX}^s}$、$\frac{\text{EX}_j^s}{\text{EX}^s}$ 不变），行业 DVA _ B ratio 发生变化（$\frac{\text{DVA\_B}_i^s}{\text{EX}_i^s}$、$\frac{\text{DVA\_B}_j^s}{\text{EX}_j^s}$ 发生变化）也会导致整个国家国际生产分割水平的变化，这可归纳为产业内效应；二是出口结构调整的变化也会导致国家国际生产分割水平的变化，这可归纳为产业间效应。我们将 DVA _ B ratio 指数的变化分解如下。

产业内效应：

$$\begin{aligned}\text{DVA\_B ratio\_intl}_{t-(t-1)}^s=&(\text{DVA\_B ratio}_{it}^s-\text{DVA\_B ratio}_{it-1}^s)\times\frac{\text{EX}_{i(t-1)}^s}{\text{EX}_{(t-1)}^s}\\&+(\text{DVA\_B ratio}_{jt}^s-\text{DVA\_B ratio}_{jt-1}^s)\times\frac{\text{EX}_{j(t-1)}^s}{\text{EX}_{(t-1)}^s}\end{aligned} \tag{3.2}$$

产业间效应：

$$\begin{aligned}\text{DVA\_B ratio\_extl}_{t-(t-1)}^s=&\text{DVA\_B ratio}_{it}^s\times\left(\frac{\text{EX}_{it}^s}{\text{EX}_t^s}-\frac{\text{EX}_{i(t-1)}^s}{\text{EX}_{(t-1)}^s}\right)\\&+\text{DVA\_B ratio}_{jt}^s\times\left(\frac{\text{EX}_{jt}^s}{\text{EX}_t^s}-\frac{\text{EX}_{j(t-1)}^s}{\text{EX}_{(t-1)}^s}\right)\end{aligned} \tag{3.3}$$

其中，t 表示年份；式（3.2）和式（3.3）分别表示的是产业内效应和产业间效应，加总就是国际生产分割的变化效应。

由式（3.2）、式（3.3）进一步拓展到 G 国 N 产业情形下的产业内效应和产业间效应。

产业内效应：

$$\text{DVA\_B ratio\_intl}_{t-(t-1)}^s=\sum_i^N(\text{DVA\_B ratio}_{it}^s-\text{DVA\_B ratio}_{it-1}^s)\times\frac{\text{EX}_{i(t-1)}^s}{\text{EX}_{(t-1)}^s} \tag{3.4}$$

产业间效应：

$$\text{DVA\_B ratio\_extl}_{t-(t-1)}^{s} = \sum_{i}^{N} \text{DVA\_B ratio}_{jt}^{s} \times \left(\frac{\text{EX}_{it}^{s}}{\text{EX}_{t}^{s}} - \frac{\text{EX}_{i(t-1)}^{s}}{\text{EX}_{(t-1)}^{s}} \right) \quad (3.5)$$

根据之前的分析，DVA _ B ratio 指数的变化主要有两个动因：一是产业 DVA _ B ratio 的变化；二是产业结构变动。为进一步探究中国总体国际生产分割的内在变化机制，根据式（3.4）和式（3.5）对国家层面指数进行分解，结果见表 3.7。

表 3.7 中国国际生产分割效应分解

年份	总效应	产业内效应	产业间效应
2000～2001	0.006	0.006	0.001
2001～2002	（0.018）	（0.014）	（0.003）
2002～2003	（0.035）	（0.025）	（0.010）
2003～2004	（0.028）	（0.019）	（0.009）
2004～2005	（0.002）	0.001	（0.003）
2005～2006	（0.002）	（0.001）	（0.001）
2006～2007	0.001	（0.002）	0.003
2007～2008	0.016	0.015	0.002
2008～2009	0.037	0.034	0.003
2009～2010	（0.024）	（0.020）	（0.004）
2010～2011	0.000	（0.003）	0.003
2011～2012	0.012	0.012	0.001
2012～2013	0.001	0.002	（0.001）
2013～2014	0.018	0.018	（0.001）
2000～2008	（0.061）	（0.041）	（0.020）
2008～2011	0.013	0.012	0.001
2011～2014	0.031	0.032	（0.001）

注：作者根据式（3.4）和式（3.5）计算得出

表 3.7 结果显示，2000～2014 年产业内效应与指数总效应的变化方向基本一致，是总效应变化的主要因素。表明中国国际生产分割的变化主要以产业内效应为主，产业间效应起的作用相对较小，说明国际生产分割的提升主要是基于产业国际生产分割的提升，产业结构变动的贡献并不显著。我们进一步具体考察加入 WTO 前后的变化差异。

中国 2001 年正式加入 WTO 一直到 2008 年全球金融危机前，是国际生产分割迅速提升的阶段。2000～2008 年中国 DVA _ B ratio 指数变化了–0.061，变化幅度较大。分解结果中产业内效应和产业间效应均为负，其中产业内效应为–0.041，产业间效应为–0.020，产业内效应的贡献较大，而产业间效应也有一定的贡献。说明这一时期国际生产分割的提升是由产业国际生产分割的提升及国际生产分割较高的产业出口比重提升共同导致的，且产业结构调整的方向非常利于国际生产分割的提升。可以看到，2002～2004 年国际生产分割提升得最快，同时产业内效应和产业间效应方向与总效应一致。2006～2008 年国际生产分割有所下降。加入 WTO 后，关税水平的降低和贸易的便利化，使得中国企业寻求更加优质的进口中间品，以提升产品竞争力，这也造成了这一时期中国贸易的井喷。值得注意的是 2005～2007 年这一期间产业间效应开始起主导作用，说明 2005 年实施的产业结构调整政策，有利于国际生产分割的提升，出口导向型战略使中国加工贸易的比重有所提升[①]，加工贸易行业的国际生产分割水平较高，比重的提升促进了中国整体国际生产分割水平的提升。

2008～2011 年国际生产分割水平有所下降。分解结果显示产业内效应和产业间效应为正，产业内效应起主导作用。2009 年 DVA _ B ratio 指数大幅上升，总效应上升了 0.037，其中产业内效应上升 0.034；2010 年 DVA _ B ratio 指数有所下降，下降 0.024，小于 2009 年上升幅度，2011 年基本保持持平。造成 2009 年国际生产分割下降的主要原因是：一方面，2008 年全球金融危机的影响在 2009 年逐渐显现，国际经济的不稳定导致出口企业的中间品需求转向本土企业供给，造成产业国际生产分割水平的下降；另一方面，2007 年的加工贸易收紧政策效果开始显现，加工贸易行业出口比重的下降也是一个因素（2009 年产业间效应为正）。

后危机时代，2011～2014 年国际生产分割水平有所下降。结果显示，2011 年后总效应变化为 0.031，分解结果显示产业内效应为正，产业间效应为负，产业内效应仍然起主导作用。这说明 2011 年后国际生产分割水平有所弱化，且主要是由于制造业行业的国际生产分割下降。联系到 2011 年后贸易增长停滞的现状，由于国际需求不稳定和贸易保护主义抬头，一定程度上提升了贸易成本，也可能是由

① 2005 年中国加工贸易所占比重为 55%。

于本地生产能力提升，国内产品对进口的替代（Kee and Tang，2016），另一个解释是对先前过度分割化的一个重新调整（Baldwin and Venables，2013）。

3.6 本章小结

本章主要是在第 2 章构建的理论分析框架基础上测度了世界主要国家或地区及中国整体和部门层面的国际生产分割水平，分析了其演变特征及变化机制。第一，介绍了进行测度所需要的主要数据来源和基本行业分类；第二，利用 2008 年中国石油及加工部门（WIOT 第 8 部门）对墨西哥增加值出口数据进行了三种指标的比较分析；第三，测度了世界主要国家的总体、分部门及跨国国际生产分割水平及变化趋势和呈现的特征；第四，以中国为例，分析了中国整体、部门及双边层面国际生产分割的几个典型事实；第五，将指数变化分解为产业内效应和产业间效应，进一步检验中国整体国际生产分割的变化机制。

4 国际生产分割地域特征

4.1 地域特征分析理论构建

本章主要关注国际生产分割表现出来的地域分布异质性特征分析。本节将在第 2 章基础上基于 DVA_B ratio 指标进一步构建反映一国国际生产分割地域特征的理论分析框架。

同样基于第 2 章理论分析框架，考虑世界拥有三个国家（S、R、U）两个部门（i、j）的情形。本节假设 S 国和 U 国地理位置较近，且属于同一个贸易区域集团，遵守共同订立的贸易同盟协定，R 国与 S 国、U 国距离较远，不属于同一个贸易同盟区域集团[①]。根据第 2 章式（2.63）得到 S 国 i 部门向 U 国出口的 DVA_B 指数计算公式：

$$\text{DVA\_B}_i^{su} = \left[(v_i^s b_{ii}^{ss} + v_j^s b_{ji}^{ss}) f_i^{su} + \sum_q \sum_k (v_i^s l_{ii}^{ss} + v_j^s l_{ji}^{ss}) a_{iq}^{su} b_{qk}^{uu} f_k^{uu} + \sum_q \sum_k (v_i^s l_{ii}^{ss} + v_j^s l_{ji}^{ss}) a_{iq}^{su} b_{qk}^{ur} f_k^{ru} \right]$$
$$+ \left[\sum_q \sum_k (v_i^s l_{ii}^{ss} + v_j^s l_{ji}^{ss}) a_{iq}^{su} b_{qm}^{ur} f_m^{rr} + \sum_q \sum_k (v_i^s l_{ii}^{ss} + v_j^s l_{ji}^{ss}) a_{iq}^{su} b_{qm}^{uu} f_m^{ur} \right] \tag{4.1}$$

其中，k、q 表示自然数，且 $k, q = \{i, j\}$。

经典贸易理论认为受限于交通运输成本等因素，贸易首先发生于资源禀赋相异的相邻国家，之后随着技术进步和经济发展，缓慢向外围国家扩展。在经济全球化背景下，科技进步带来的贸易成本降低及发达的信息技术已能够使跨国公司将产品生产布局到劳动力成本更为低廉或资源更为丰富的外国（Baldwin，2006），但迄今为止，地理接壤对贸易仍然起着非常重要的作用（Johnson and Noguera，2012c；Estevadeordal et al.，2013）[②]。这就意味着地域较近或者同一个贸易区域

---

① 设定 S 国和 U 国、R 国之间的关系主要是为了下文更好地研究国家之间的地域分布不同引起的国际生产分割异质性特征。实际分解不受国别关系的影响。

② Estevadeordal 等（2013）研究表明，拥有共同边界、共同语言，以及殖民联系的国家之间更易于参与跨境生产分工，更重要的是物理距离显著降低国外增加值（物理距离每增加 10%，平均降低国外增加值 67%）。

的国家之间分割水平可能存在差异。为进一步考察区域内和区域外国家国际生产分割的异质性，在双边基础上根据最终被吸收的增加值国别特征划分为区域内基于后向联系的国内增加值出口率（DVA _ B _ IN ratio）和区域外基于后向联系的国内增加值出口率（DVA _ B _ OUT ratio）。根据式（2.60）和式（4.1）可得

$$\text{DVA\_B\_OUT ratio}_i^s = \text{DVA\_B}_i^{sr} / E_i^{sr} \tag{4.2}$$

$$\text{DVA\_B\_IN ratio}_i^s = \text{DVA\_B}_i^{su} / E_i^{su} \tag{4.3}$$

从直观上无法判断一个国家单部门 DVA _ B _ OUT ratio 指数和 DVA _ B _ IN ratio 指数哪个更小，但厘清这个问题无疑具有丰富的贸易政策导向：如果区域内 DVA _ B _ IN ratio 指数更小一些，就意味着更多的生产分割发生在区域内贸易同盟国家之间，区域性的贸易政策和贸易协定谈判设计将更有利于制造业国际生产分割水平的提升；如果 DVA _ B _ OUT ratio 指数更小一些，那么就意味着跨区域的双边贸易政策或多边贸易政策对中国制造业未来国际竞争力的培育将更加重要。

接下来，更进一步，将从出口产品结构来分析一国单部门区域内和区域外国际生产分割水平演变的内在变化机制。

我们主要考虑基于出口产品结构的变化机制。一国单部门出口产品按照产品分类方法可分为最终产品和中间品，其中最终产品将直接被进口国消费，而中间产品将被进口国作为生产资料投入到下一阶段生产当中，以生产最终产品被消费或作为中间品再生产。随着运输成本的降低和信息技术的发展，全球生产网络兴起带来的中间品贸易在贸易中占据越来越重要的地位。据统计，2012 年中间品贸易占据全球贸易额的 2/3 左右。作为生产投入要素的中间品贸易的发展带来了国际生产分割水平的不断提升，而未来中间品贸易的比重也将不断攀升。随着生产分工越来越紧密，一方面，一国单部门出口的中间产品比重越来越大；另一方面，出口的最终产品中包含的本国国内增加值比重越来越小。本书也将考虑这种出口产品结构变化带来的区域内和区域外国际生产分割水平的变化机制，根据上文行业层面双边 DVA_B 指数的分解思路，对增加值依附的出口产品形式进行区分，分别得到 S 国 i 部门出口的最终产品和中间品在区域内和区域外的国际生产分割指标。

区域内最终产品国际生产分割指标：

$$\text{DVA\_B\_IN\_f ratio}_i^s = \text{DVA\_B\_IN\_f}_i^s / f_i^{su} = v_i^s b_{ii}^{ss} + v_j^s b_{ji}^{ss} \tag{4.4}$$

区域内中间品国际生产分割指标：

$$\begin{aligned}\text{DVA\_B\_IN\_int ratio}_i^s = \Bigg[&\sum_q\sum_k (v_i^s l_{ii}^{ss} + v_j^s l_{ji}^{ss}) a_{iq}^{su} b_{qk}^{uu} f_k^{uu} + \sum_q\sum_k (v_i^s l_{ii}^{ss} + v_j^s l_{ji}^{ss}) a_{iq}^{su} b_{qk}^{ur} f_k^{ru} \\ &+ \sum_q\sum_k (v_i^s l_{ii}^{ss} + v_j^s l_{ji}^{ss}) a_{iq}^{su} b_{qm}^{ur} f_m^{rr} + \sum_q\sum_k (v_i^s l_{ii}^{ss} + v_j^s l_{ji}^{ss}) a_{iq}^{su} b_{qm}^{uu} f_m^{ur}\Bigg] \Big/ E\_\text{int}_i^{sr},\end{aligned} \tag{4.5}$$

其中，k、q表示自然数，且$k,q=\{i,j\}$。

区域外最终产品国际生产分割指标：

$$\text{DVA\_B\_OUT\_f ratio}_i^s = v_i^s b_{ii}^{ss} + v_j^s b_{ji}^{ss} \tag{4.6}$$

区域外中间品国际生产分割指标：

$$\begin{aligned}\text{DVA\_B\_OUT\_int ratio}_i^s = \Bigg[&\sum_q\sum_k (v_i^s l_{ii}^{ss} + v_j^s l_{ji}^{ss}) a_{iq}^{sr} b_{qk}^{rr} f_k^{rr} + \sum_q\sum_k (v_i^s l_{ii}^{ss} + v_j^s l_{ji}^{ss}) a_{iq}^{sr} b_{qk}^{ru} f_k^{ur} \\ &+ \sum_q\sum_k (v_i^s l_{ii}^{ss} + v_j^s l_{ji}^{ss}) a_{iq}^{sr} b_{qm}^{ru} f_m^{uu} + \sum_q\sum_k (v_i^s l_{ii}^{ss} + v_j^s l_{ji}^{ss}) a_{iq}^{sr} b_{qm}^{rr} f_m^{ru}\Bigg] \Big/ E\_\text{int}_i^{sr},\end{aligned} \tag{4.7}$$

其中，k、q 表示自然数，且 $k,q=\{i,j\}$。

通过式（4.4）和式（4.6）可以发现，区域内和区域外最终产品国际生产分割指标在单国单部门层面在数学上是完全相等的，均等于通过国内部门生产关联依附于 i 部门出口中的国内增加值比重，这主要是投入产出模型所蕴含的部门企业同质性假设所导致的。因此，部门层面区域内和区域外国际生产分割水平的差异主要是出口中间品国际生产分割水平不同所引起的。虽然区域内和区域外最终产品国际生产分割水平在部门层面不具有差异性，但在国家整体层面，考虑到出口到区域内国家和区域外国家的最终产品出口结构不同，区域内和区域外最终产品的国际生产分割水平仍存在差异，这一点我们也将在后面实证计算中得到验证。

基于之前的分析，不论是出口产品结构比重的变化还是出口产品国际生产分割水平的变化都会引起单个部门国际生产分割水平的变化。将单个行业国际生产分割变化与出口产品的表现联系起来，我们可以将单个行业国际生产分割变化归因于行业出口产品结构的变化及不同产品国际生产分割水平的变化。我们同样感兴趣的问题是，中国总体或者单个行业区域内和区域外国际生产分割的变化机制的差异是某个出口产品类型国际生产分割水平变化引起的，还是国际生产分割水平不同的产品种类出口比重变化，即出口产品结构的变化引起的。

为进一步检验中国区域内和区域外国际生产分割的变化机制，我们将区域内和区域外 DVA_B ratio 指数均分解为出口产品效应和出口产品结构效应。在三国两部门情形下，对 S 国 i 部门区域内 DVA_B ratio 指数进行分解得到

$$\begin{aligned}\text{DVA\_B\_IN ratio}_i^s &= \frac{\text{DVA\_B\_f}_i^s + \text{DVA\_B\_int}_j^s}{E_i^{su}} = [\text{DVA\_B\_IN\_f ratio}_i^s \times \omega_i^s(f)] \\ &\quad + [\text{DVA\_B\_IN\_int ratio}_i^s \times \omega_i^s(\text{int})]\end{aligned} \tag{4.8}$$

其中，$\omega_i^s(f)$、$\omega_i^s(\text{int})$ 分别表示 S 国 i 部门最终产品和中间品出口占总出口的权重。式（4.8）显示，DVA_B_IN ratio 指数的变化可归结为两个动因：一是出口产品 DVA_B ratio 发生变化（$\text{DVA\_B\_IN\_f ratio}_i^s$、$\text{DVA\_B\_IN\_int ratio}_i^s$ 发生变化），即使出口产品结构没有调整［$\omega_i^s(f)$、$\omega_i^s(\text{int})$ 不变］，也会导致部门国际生产分割水平的变化，这可归纳为出口产品效应；另外，出口产品结构的变化也会导致国家国际生产分割水平的变化，这可归纳为出口产品结构效应。我们将 S 国 i 部门 DVA_B_IN ratio 指数的变化分解如下：

$$\begin{aligned}\text{DVA\_B\_IN ratio}_{it}^s - \text{DVA\_B\_IN ratio}_{i(t-1)}^s = &[(\text{DVA\_B\_IN\_f ratio}_{it}^s \\ &- \text{DVA\_B\_IN\_f ratio}_{i(t-1)}^s) \times \omega_{i(t-1)}^{su}(f) \\ &+ (\text{DVA\_B\_IN\_int ratio}_{it}^s \\ &- \text{DVA\_B\_IN\_int ratio}_{i(t-1)}^s) \times \omega_{i(t-1)}^{su}(\text{int})] \\ &+ \{\text{DVA\_B\_IN\_f ratio}_{it}^{su} \times [\omega_{it}^{su}(f) - \omega_{i(t-1)}^{su}(f)] \\ &+ \text{DVA\_B\_IN\_int ratio}_{it}^s \times [\omega_{it}^{su}(\text{int}) - \omega_{i(t-1)}^{su}(\text{int})]\}\end{aligned} \tag{4.9}$$

其中，第一个中括号内表示出口产品效应；大括号内表示出口产品结构效应。同样，也可以得到 DVA_B_OUT ratio 指数的变化分解公式：

$$\begin{aligned}&\text{DVA\_B\_OUT ratio}_{it}^{s}-\text{DVA\_B\_OUT ratio}_{i(t-1)}^{s}\\&=[(\text{DVA\_B\_OUT\_f ratio}_{it}^{s}-\text{DVA\_B\_OUT\_f ratio}_{i(t-1)}^{s})\times\omega_{i(t-1)}^{sr}(f)\\&+(\text{DVA\_B\_OUT\_int ratio}_{it}^{s}-\text{DVA\_B\_OUT\_int ratio}_{i(t-1)}^{s})\\&\times\omega_{i(t-1)}^{sr}(\text{int})]+\{\text{DVA\_B\_OUT\_f ratio}_{it}^{s}\times[\omega_{it}^{sr}(f)-\omega_{i(t-1)}^{sr}(f)]\\&+\text{DVA\_B\_OUT\_int ratio}_{it}^{s}\times[\omega_{it}^{sr}(\text{int})-\omega_{i(t-1)}^{sr}(\text{int})]\}\end{aligned}\quad(4.10)$$

接下来进一步考察出口中间品国际生产分割水平的变化机制。根据式（4.1），S 国 i 部门出口到区域内国家 U 国的中间品中依附的被外国吸收的国内增加值根据不同最终需求国家诱发的流向可分为两部分：一部分被直接出口国 U 国最终吸收，是 U 国最终需求诱发的 S 国 i 部门国内增加值出口部分［式（4.1）中的第二项和第三项］；另一部分被区域外国家 R 国最终吸收，是 R 国最终需求诱发的 S 国 i 部门国内增加值出口部分［式（4.1）中的后两项］。因此，可以看到，虽然是直接出口到区域内国家 U 国的国内增加值，但最终需求国家诱发的机制却不同。为分析方便，将区域内 U 国最终需求诱发的比值定义为直接诱发部分，将区域外国家 R 国最终需求诱发的比值定义为间接诱发部分。随着国际分工越来越细，间接诱发部分的比重也越来越大。基于国别分析的 GVCs 国际生产分割水平也是不同区域内外国家最终需求诱发机制变化相互作用的结果。对区域内和区域外国际生产分割模式的考察，必须考虑直接诱发部分和间接诱发部分变化导致 DVA_B ratio 变动的不同机理，因为二者所对应的政策含义截然不同：若区域内 U 国直接诱发部分导致的 DVA_B_IN ratio 指数下降，则意味着主要的生产分割是由区域内国家完成的，因而基于区域内国家范围的贸易便利化措施对提升专业化生产水平会更有效；若是区域内 U 国直接诱发部分未发生变化，主要由经过 U 国再次出口而形成的区域外国家间接诱发部分变化导致 DVA_B ratio 指数发生变化，则意味着可能是由于区域内国家 U 国提升了和 R 国等全球贸易伙伴的国际生产分割而间接地提升了区域内的国际生产分割水平，这给我们的启示就截然不同，虽然 S 国 i 部门的区域内国际生产分割水平上升，但基于全球范围内的贸易便利化措施则会更有效，尤其是考虑到原产地规则在贸易中发挥着越来越重要的作用。

同样，根据之前的分解思路，对单国增加值沿依附的产品和服务流向进行追溯，得到 S 国 i 部门 $\mathrm{DVA\_B\ ratio}_i^s$ 的区域内和区域外中间品出口增加值的直接诱发部分和间接诱发部分：

$$\text{区域内直接诱发部分} \mathrm{d\_DVA\_B\_IN\ ratio}_i^s = \left[\sum_q\sum_k (v_i^s l_{ii}^{ss} + v_j^s l_{ji}^{ss}) a_{iq}^{su} b_{qk}^{uu} f_k^{uu} + \sum_q\sum_k (v_i^s l_{ii}^{ss} + v_j^s l_{ji}^{ss}) a_{iq}^{su} b_{qk}^{ur} f_k^{ru}\right] \Big/ E\_\mathrm{int}_i^{su} \tag{4.11}$$

其中，k、q表示自然数，且$k,q=\{i,j\}$。

$$\text{区域内间接诱发部分} \mathrm{ind\_DVA\_B\_IN\ ratio}_i^s = \left[\sum_q\sum_k (v_i^s l_{ii}^{ss} + v_j^s l_{ji}^{ss}) a_{iq}^{su} b_{qm}^{ur} f_m^{rr} + \sum_q\sum_k (v_i^s l_{ii}^{ss} + v_j^s l_{ji}^{ss}) a_{iq}^{su} b_{qm}^{uu} f_m^{ur}\right] \Big/ E\_\mathrm{int}_i^{su} \tag{4.12}$$

其中，k、q表示自然数，且$k,m=\{i,j\}$。

$$\text{区域外直接诱发部分} \mathrm{d\_DVA\_B\_OUT\ ratio}_i^s = \left[\sum_q\sum_k (v_i^s l_{ii}^{ss} + v_j^s l_{ji}^{ss}) a_{iq}^{sr} b_{qk}^{rr} f_k^{rr} + \sum_q\sum_k (v_i^s l_{ii}^{ss} + v_j^s l_{ji}^{ss}) a_{iq}^{sr} b_{qk}^{ru} f_k^{ur}\right] \Big/ E\_\mathrm{int}_i^{sr} \tag{4.13}$$

其中，k、q表示自然数，且$k,q=\{i,j\}$。

$$\text{区域外间接诱发部分} \mathrm{ind\_DVA\_B\_OUT\ ratio}_i^s = \left[\sum_q\sum_k (v_i^s l_{ii}^{ss} + v_j^s l_{ji}^{ss}) a_{iq}^{sr} b_{qm}^{ru} f_m^{uu} + \sum_q\sum_k (v_i^s l_{ii}^{ss} + v_j^s l_{ji}^{ss}) a_{iq}^{sr} b_{qm}^{rr} f_m^{ru}\right] \Big/ E\_\mathrm{int}_i^{sr} \tag{4.14}$$

其中，k、q表示自然数，且$k,q=\{i,j\}$。

考虑更一般的情形，世界拥有 G 个国家，每个国家拥有 N 个部门。假设 G 国中有 U 个国家和 S 国属于贸易同盟区域国，有 R 个国家属于贸易同盟区域外国家①，i、j 表示部门，i、$j=1,2,3,\cdots,n$ 且 $i\in N, j\in N$。根据之前分析，我们可以直接给出多国多部门情形下 S 国部门双边层面 DVA_B_IN ratio^s 和 DVA_B_OUT ratio^s 指数的矩阵计算公式：

$$\text{DVA\_B\_IN ratio}^s=\sum_u^U\left\{[V^sB^{ss}]^{\mathrm{T}}\#F^{su}+[V^sL^{ss}]^{\mathrm{T}}\#A^{su}B^{uu}F^{uu}+\sum_{g\neq s,u}^G[V^sL^{ss}]^{\mathrm{T}}\#A^{su}B^{ug}F^{gu}\right.$$
$$\left.+\sum_{g\neq s,u}^G[V^sL^{ss}]^{\mathrm{T}}\#A^{su}B^{uu}F^{ug}+\sum_{g\neq s,u}^G\sum_{w\neq s,u}^G[V^sL^{ss}]^{\mathrm{T}}\#A^{su}B^{ug}F^{gw}\right\}\Big/\sum_u^U E^{su}$$

（4.15）

$$\text{DVA\_B\_OUT ratio}^s=\sum_r^R\left\{[V^sB^{ss}]^{\mathrm{T}}\#F^{sr}+[V^sL^{ss}]^{\mathrm{T}}\#A^{sr}B^{rr}F^{rr}+\sum_{g\neq s,r}^G[V^sL^{ss}]^{\mathrm{T}}\#A^{sr}B^{rg}F^{gr}\right.$$
$$\left.+\sum_{g\neq s,r}^G[V^sL^{ss}]^{\mathrm{T}}\#A^{sr}B^{rr}F^{rg}+\sum_{g\neq s,r}^G\sum_{w\neq s,r}^G[V^sL^{ss}]^{\mathrm{T}}\#A^{sr}B^{rg}F^{gw}\right\}\Big/\sum_r^R E^{sr}$$

（4.16）

由式（4.15）、式（4.16）可得到多国多部门情形下反映 S 国 i 部门 DVA_B_IN ratio 和 DVA_B_OUT ratio 指数：

$$\text{DVA\_B\_IN ratio}_i^s=\sum_u^U\left(\sum_j^N v_j^s b_{ji}^{ss} f_i^{su}+\sum_j^N v_j^s l_{ji}^{ss} a_{ik}^{su} b_{kq}^{uu} f_q^{uu}+\sum_{g\neq s,u}^G\sum_j^N v_j^s l_{ji}^{ss} a_{ik}^{su} b_{kq}^{ug} f_q^{gu}\right.$$
$$\left.+\sum_{g\neq s,u}^G\sum_j^N v_j^s l_{ji}^{ss} a_{ik}^{su} b_{kq}^{ug} f_q^{gg}+\sum_{g\neq s,u}^G\sum_{w\neq s,u}^G\sum_j^N v_j^s l_{ji}^{ss} a_{ik}^{su} b_{kq}^{ug} f_q^{gw}\right)\Big/\sum_u^U E_i^{su}$$

（4.17）

$$\text{DVA\_B\_OUT ratio}_i^s=\sum_r^R\left(\sum_j^N v_j^s b_{ji}^{ss} f_i^{sr}+\sum_j^N v_j^s l_{ji}^{ss} a_{ik}^{sr} b_{kq}^{rr} f_q^{rr}+\sum_{g\neq s,r}^G\sum_j^N v_j^s l_{ji}^{ss} a_{ik}^{sr} b_{kq}^{rg} f_q^{gr}\right.$$
$$\left.+\sum_{g\neq s,r}^G\sum_j^N v_j^s l_{ji}^{ss} a_{ik}^{sr} b_{kq}^{rr} f_q^{rg}+\sum_{g\neq s,r}^G\sum_{w\neq s,r}^G\sum_j^N v_j^s l_{ji}^{ss} a_{ik}^{sr} b_{kq}^{rg} f_q^{gw}\right)\Big/\sum_r^R E_i^{sr}$$

（4.18）

多国多部门情形下 S 国 i 部门 DVA_B_IN ratio 和 DVA_B_OUT ratio 指数基于出口产品结构的变化机制相关指数计算公式：

① 为了和三国两部门情形下保持一致性，这里仍采用 U 和 R 分别代表区域内和区域外的国家数量。

区域内最终产品国际生产分割指标

$$\mathrm{DVA\_B\_IN\_f\ ratio}_i^s = \sum_j^N v_j^s b_{ji}^{ss} \tag{4.19}$$

区域内中间品国际生产分割指标

$$\mathrm{DVA\_B\_IN\_int\ ratio}_i^s = \sum_u^U \left(\sum_j^N v_j^s l_{ji}^{ss} a_{ik}^{su} b_{kq}^{uu} f_q^{uu} + \sum_{g \neq s,u}^G \sum_j^N v_j^s l_{ji}^{ss} a_{ik}^{su} b_{kq}^{ug} f_q^{gu} + \sum_{g \neq s,u}^G \sum_j^N v_j^s l_{ji}^{ss} a_{ik}^{su} b_{kq}^{ug} f_q^{gg} \right.$$
$$\left. + \sum_{g \neq s,u}^G \sum_{w \neq s,u}^G \sum_j^N v_j^s l_{ji}^{ss} a_{ik}^{su} b_{kq}^{ug} f_q^{gw} \right) \Big/ \sum_u^U E\_\mathrm{int}_i^{su} \tag{4.20}$$

区域外最终产品国际生产分割指标

$$\mathrm{DVA\_B\_OUT\_f\ ratio}_i^s = \sum_j^N v_j^s b_{ji}^{ss} \tag{4.21}$$

区域外中间品国际生产分割指标

$$\mathrm{int\_DVA\_B\_OUT\_int\ ratio}_i^s = \sum_r^R \left(\sum_j^N v_j^s l_{ji}^{ss} a_{ik}^{sr} b_{kq}^{rr} f_q^{rr} + \sum_{g \neq s,r}^G \sum_j^N v_j^s l_{ji}^{ss} a_{ik}^{sr} b_{kq}^{rg} f_q^{gr} + \sum_{g \neq s,r}^G \sum_j^N v_j^s l_{ji}^{ss} a_{ik}^{sr} b_{kq}^{rr} f_q^{rg} \right.$$
$$\left. + \sum_{g \neq s,r}^G \sum_{w \neq s,r}^G \sum_j^N v_j^s l_{ji}^{ss} a_{ik}^{sr} b_{kq}^{rg} f_q^{gw} \right) \Big/ \sum_r^R \sum_u^U E\_\mathrm{int}_i^{sr} \tag{4.22}$$

多国多部门情形下 S 国 i 部门区域内和区域外中间品出口基于最终需求诱发的变化机制相关指数计算公式[①]：

区域内直接诱发部分

$$\mathrm{d\_DVA\_B\_IN\ ratio}_i^s = \sum_u^U \left[\sum_{g \neq s}^G \sum_j^N v_j^s l_{ji}^{ss} a_{ik}^{su} b_{kq}^{ug} f_q^{gu} + \sum_{g \neq s,u}^G \sum_{m \neq s}^{U-u} \sum_j^N v_j^s l_{ji}^{ss} a_{ik}^{su} b_{kq}^{ug} f_q^{gm} \right] \Big/ \sum_u^U E\_\mathrm{int}_i^{su} \tag{4.23}$$

区域内间接诱发部分

① 注意，多国多部门情形下直接诱发部分和间接诱发部分的划分有所差异。主要的区别在于把区域作为一个整体，将本区域内其他国家最终需求划分为直接诱发部分，这样的调整可以更好地体现区域内的国际生产分割，更为合理一些，同样，区域外的情形也做类似的处理。

$$\text{ind\_DVA\_B\_IN ratio}_i^s = \sum_{u}^{U} \sum_{g \neq s,u}^{G} \sum_{r}^{R} \sum_{j}^{N} v_j^s l_{ji}^{ss} a_{ik}^{su} b_{kq}^{ug} f_q^{gr} \Big/ \sum_{u}^{U} E\_\text{int}_i^{su} \quad (4.24)$$

区域外直接诱发部分

$$\text{d\_DVA\_B\_OUT ratio}_i^s = \sum_{r}^{R} \left[\sum_{g \neq s}^{G} \sum_{j}^{N} v_j^s l_{ji}^{ss} a_{ik}^{sr} b_{kq}^{rg} f_q^{gr} + \sum_{g \neq s,u}^{G} \sum_{z \neq s}^{R-r} \sum_{j}^{N} v_j^s l_{ji}^{ss} a_{ik}^{sr} b_{kq}^{rg} f_q^{gz} \right] \Big/ \sum_{r}^{R} E\_\text{int}_i^{sr} \quad (4.25)$$

区域外间接诱发部分

$$\text{ind\_DVA\_B\_OUT ratio}_i^s = \sum_{r}^{R} \sum_{g \neq s}^{G} \sum_{u}^{U} \sum_{j}^{N} v_j^s l_{ji}^{ss} a_{ik}^{sr} b_{kq}^{rg} f_q^{gu} \Big/ \sum_{r}^{R} E\_\text{int}_i^{sr} \quad (4.26)$$

式（4.12）～式（4.23）中 j、k、q 表示自然数且 j、k、$q \in N$，$u \in U \in G$，$r \in R \in G$；上标 $U\text{–}u$ 表示除 u 国外其他区域性国家集合，且 $m \in U\text{–}u$；上标 $R\text{–}r$ 表示除 r 国外的其他全球性国家集合，且 $z \in R\text{–}r$。

4.2　地域特征分析概念界定

对区域性和全球性的分析基于对区域性贸易集团国家的界定。当前研究文献对“亚洲工厂”区域的划分并没有统一的界定，对“亚洲工厂”区域的界定也是本书仔细求证的问题。越来越多的证据表明“亚洲工厂”主要设立在东亚、东南亚主要亚洲区域内，但受限于其他亚洲国家贸易数据的收集难度，现有研究大多基于贸易比重或区域内贸易往来紧密程度选取一些主要国家或地区作为“亚洲工厂”的代表国家，事实上“亚洲工厂”的价值链关联也主要集中在这些主要国家和地区（欧盟的区域内贸易也主要是发生在主要的国家之间）。亚洲界定范围包括东亚、南亚、东南亚等亚洲次区域的国家和地区（林桂军和邓世专，2011）。Ando（2006）认为亚洲生产网络先在东亚形成。林桂军和邓世专（2012）认为亚洲的零部件贸易主要集中在东亚和东南亚地区，“亚洲工厂”也主要在这两个亚洲次区域产生，选取了这两个亚洲次区域的 10 个国家和地区及经济规模较大的印度（南亚）作为“亚洲工厂”区域分析范围，包括中国、日本、韩国、印度、印度尼西亚、泰国、中国香港、马来西亚、新加坡、菲律宾；Baldwin

和 Venables（2013）根据日本外部贸易组织-经济发展研究所（Japan External Trade Organization-Institute of Developing Economies，JETRO-IDE）发布的亚洲投入产出表（Asian input-output，AIO），将中国、日本、韩国、中国台湾、印度尼西亚、泰国、马来西亚、新加坡、菲律宾归为“亚洲工厂”代表国家和地区；Baldwin 和 Lospez-Gonzalez（2015）根据中间品进出口数据比重将中国、日本、韩国、中国台湾、印度、印度尼西亚、澳大利亚划分为“亚洲工厂”区域代表国家和地区；Los 等（2015）将中国、日本、韩国、中国台湾作为“亚洲工厂”区域代表国家和地区；范子杰等（2016）将中国、日本、韩国、中国台湾、印度、印度尼西亚六个国家和地区作为亚洲工厂区域代表国家和地区。此外还有一些案例分析相关证据也给了我们一些启示，如 iPhone 与 iPad 的案例表明中国主要利用日本、韩国等提供的零部件进行组装（Dedrick et al.，2010）；其他更系统的证据来自跨国公司（multinational corporations，MNCs）微观数据，如 Kimura 和 Ando（2005）认为日本 80%的 MNCs 将国外子公司布局在包括中国、韩国在内的东亚地区。

本书根据以上学者的研究成果，主要将东亚地区纳入“亚洲工厂”区域，来进一步研究中国在“亚洲工厂”区域的国际生产分割的地域特征。本书主要选取了 4 个国家和地区作为“亚洲工厂”区域代表国家和地区，包括中国、韩国、日本、中国台湾，这几个国家和地区的贸易额约占亚洲区域贸易额的 81.8%（2008 年，数据来源于 UNCTAD），其中中国从其他 3 个国家和地区的进口比重约占从亚洲区域进口总额的 76.0%（2008 年，数据来源于 UNCTAD）。根据对中间品贸易占区域内贸易流量比重的考察发现，在中国、中国台湾、日本、韩国等国家和地区之间出现了逐渐增多的中间品交易，这些国家和地区之间相互依赖程度也越来越高（Suder et al.，2015）。如表 4.1 所示，2008 年，这 4 个国家和地区之间的中间品贸易占比都在 22.57%及以上，其中中国台湾达到 39.79%，几乎近 2/5 的中间品贸易都在中国、日本、韩国等“亚洲工厂”区域内发生。这充分显示了“亚洲工厂”区域国家和地区之间紧密的国际生产分割关联。本书也主要在此前文献研究的基础上基于中间品贸易的生产网络关联进一步界定“亚洲工厂”区域国家和地区。

表 4.1 2008 年“亚洲工厂”国家和地区中间品贸易占比及排名

国家和地区	贸易伙伴	占中间品贸易总额比重	排名	国家和地区	贸易伙伴	占中间品贸易总额比重	排名
中国	美国	12.52%	1	日本	中国	14.04%	1
	日本	8.85%	2		美国	9.23%	2
	韩国	7.99%	3		韩国	5.98%	3
	中国台湾	5.72%	4		中国台湾	4.33%	4
	“亚洲工厂”	22.57%	—		“亚洲工厂”	24.35%	—
韩国	中国	19.92%	1	中国台湾	中国	24.07%	1
	日本	9.41%	2		日本	11.49%	2
	美国	7.78%	3		美国	10.24%	3
	中国台湾	2.51%	6		韩国	4.23%	4
	“亚洲工厂”	31.83%	—		“亚洲工厂”	39.79%	—

注：数据根据 WIOT 计算。其中占韩国中间品贸易比重排名的第 4 位和第 5 位的分别为德国（3.44%）和奥地利（2.80%）

此外还有两个重要的贸易区域：欧盟和 NAFTA，前者包括欧盟 28 个成员国（2013 年 7 月 1 日，克罗地亚正式成为欧盟第 28 个成员国，由于本书数据到 2014 年，所以欧盟区域的数据包括 2013 年开始的欧盟 28 国①），后者包括美国、加拿大、墨西哥三国，与这两个区域不同的是“亚洲工厂”区域成员之间并没有显性的多边贸易协定及正式的会议组织，仅仅依靠深层次的贸易和投资紧密联系。

由于制造业整体的国际分工程度相对服务业更为精细，全球价值链分工特征较为明显②，因此本书主要选取制造业部门来分析世界及中国国际生产分割的地域特征及变化机制。

① 2013 年 7 月 1 日，克罗地亚加入欧盟，正式成为欧盟第 28 个成员国。2016 年 6 月 23 日进行的英国“脱欧”公投投票结果显示英国将退出欧盟，2017 年 3 月 16 日，英国女王伊丽莎白二世批准“脱欧”法案，授权英国首相特雷莎·梅正式启动脱欧程序，并于 2020 年 1 月正式脱欧，但在考察期内英国还在欧盟内。由于本书所采用的数据统计年限至 2014 年，沿袭 2014 年欧盟 28 国的统计。

② 事实上，多数服务业部门尤其是生产性服务部门，如产品设计、研发、金融、售后等分工较细的服务部门的全球分工也能充分体现地域特征。随着中国服务业的迅速发展，生产性服务业的分工特征也值得进一步关注。

4.3　国际生产分割地域特征分析

本节主要根据测算结果考察主要贸易区域及中国制造业 GVCs 国际生产分割在 2000～2014 年内呈现的地域特征。首先，考察全球范围内 3 个主要贸易区域的国际生产分割情况；其次，考察中国制造业整体及分行业在“亚洲工厂”区域内和区域外国际生产分割变化；最后，考察中国制造业分行业区域内和区域外国际生产分割变化机制，为进一步的多边和双边政策提供建议。同时考虑到在考察期内 2008 年金融危机的影响，本书在考察金融危机对国际生产分割影响的基础上，根据时间段进行分段分析。

4.3.1　区域内和区域外国际生产分割异质性

本书根据式（4.15）和式（4.16）计算了世界 3 个主要的贸易区域（“亚洲工厂”区域、NAFTA、欧盟 28 国）的 DVA_B_IN ratio 指数与 DVA_B_OUT ratio 指数，见表 4.2。

表 4.2　贸易区域内和区域外国际生产分割比较及变化

年份	“亚洲工厂”区域			NAFTA			欧盟 28 国		
	DVA_B_IN ratio	DVA_B_OUT ratio	差额	DVA_B_IN ratio	DVA_B_OUT ratio	差额	DVA_B_IN ratio	DVA_B_OUT ratio	差额
	（1）	（2）	（3）	（4）	（5）	（6）	（7）	（8）	（9）
2000	0.748	0.794	（0.046）	0.610	0.804	（0.194）	0.681	0.719	（0.038）
2005	0.704	0.755	（0.051）	0.610	0.794	（0.184）	0.659	0.694	（0.036）
2008	0.654	0.731	（0.077）	0.621	0.774	（0.153）	0.623	0.656	（0.033）
2009	0.701	0.768	（0.066）	0.646	0.813	（0.166）	0.639	0.674	（0.035）
2011	0.651	0.734	（0.083）	0.624	0.776	（0.152）	0.572	0.622	（0.050）
2014	0.666	0.761	（0.095）	0.621	0.774	（0.153）	0.581	0.636	（0.055）
2000～2014	（0.082）	（0.033）	（0.049）	0.011	（0.030）	0.041	（0.099）	（0.082）	（0.017）
2000～2008	（0.044）	（0.039）	（0.005）	（0.000）	（0.011）	0.011	（0.022）	（0.025）	0.003
2008～2011	（0.003）	0.013	（0.015）	0.036	0.019	0.017	（0.020）	（0.020）	0.000
2011～2014	（0.035）	（0.007）	（0.029）	（0.026）	（0.039）	0.013	（0.057）	（0.038）	（0.020）

注：其中第（3）、（6）、（9）列差额表示 DVA_B_IN ratio 指数减去 DVA_B_OUT ratio 指数的数值，括号内数值为负值，数值为正则显示区域内国际生产分割程度大于区域外国际生产分割程度，数值为负则表示区域外国际生产分割程度大于区域内国际生产分割程度

国际生产分割具有典型的区域性特征，且在全球范围内呈现逐步加深的趋势。表 4.2 中第（1）、（2）、（4）、（5）、（7）、（8）列显示，三大主要的贸易区域不论 DVA_B_IN ratio 指数还是 DVA_B_OUT ratio 指数，在 2000～2014 年均有较大幅度的降低，这表明，随着中间品贸易的比重越来越大，全球范围内的国际生产分割在逐步加深。其中，欧盟 28 国区域的 DVA_B_IN ratio 指数和 DVA_B_OUT ratio 指数下降的幅度最大，分别达到 0.099 和 0.082；其次为“亚洲工厂”区域，北美自由贸易区下降的幅度最小（实际上 DVA_B_IN ratio 指数还有所上升）。第（3）、（6）、（9）列的符号大部分为负，2000～2014 年可观察的分年度两指数之间差额分布在–0.194～–0.033，三大贸易区域的 DVA_B_IN ratio 指数均小于 DVA_B_OUT ratio 指数，这充分表明三大区域区域内国际生产分割水平要远远高于区域外，国际生产分割具有典型的区域性特征。一方面，是因为区域内国家和地区之间距离相对较近，运输成本的低廉使得中间品贸易更为便利，区域内国家和地区之间深度的生产分割成为可能；另一方面，区域内国家和地区之间都缔结了贸易便利化相关协定，如较低的关税、更少的贸易壁垒等，大大促进了区域内国家和地区的国际生产分割。单独考察 2008 年横截面数据可以发现，欧盟、NAFTA、“亚洲工厂”区域三大贸易区域的 DVA_B_IN ratio 指数分别为 0.623、0.621 和 0.654，表明 NAFTA 区域内国际生产分割水平相对较高，欧盟次之，“亚洲工厂”有待提高。随着时间的推移，2000～2008 年三大贸易区域内外指数之间的差额呈现差异性，其中 NAFTA 和欧盟两指数之间的差额为正，“亚洲工厂”和欧盟区域两指数之间的差额为负，说明这一时间区间内 NAFTA 和欧盟区域内国际生产分割提升的速度小于区域外国际生产分割，而“亚洲工厂”区域内国际生产分割提升的速度大于区域外国际生产分割。受 2008 年全球金融危机影响，2009 年 DVA_B_IN ratio 指数和 DVA_B_OUT ratio 指数均有一定幅度的反弹，2011 年出现缓慢下降趋势，但在 2014 年有所上升。这说明世界金融危机对国际生产分割造成了较大的负面影响[①]。2011 年后危机时代，在可观察的年份内国际生产分割水平有所下降，这与贸易保护主义抬头、世界贸易增长停滞的现象相印证，但对现象之间的关联和因果关系还需要更进一步的论证。

① 验证了 Bems 等（2011）的结论。

4.3.2 中国制造业整体国际生产分割区域性特征

中国制造业整体区域内和区域外国际生产分割水平均逐步提升，且在“亚洲工厂”区域内国际生产分割水平更高。如表 4.3 第（1）、（2）列所示，中国制造业DVA_B_IN ratio 指数从2000 年的0.812 下降到2008 年的0.721，DVA_B_OUT ratio 指数从 2000 年的 0.811 下降到 2008 年的 0.760，分别下降了 0.091 和 0.051，说明中国区域内和区域外国际生产分割水平均有一定幅度提升，但区域内提升幅度更大一些。从图 4.1 展示的时间趋势上来看，2000～2008 年 DVA_B_IN ratio 指数出现稳步下降趋势，而 DVA_B_OUT ratio 指数出现一定程度的波动，2001 年中国加入 WTO 之后，DVA_B_IN ratio 指数和 DVA_B_OUT ratio 指数均出现急剧下降，在 2008 年左右达到最低点。这说明在加入 WTO 后，随着国际大市场的打开，中国制造业迅速嵌入到全球价值链生产环节当中，承担了一部分国际生产分工任务，但在区域内承担的生产环节更为集中，生产分割水平更高一些，验证了中国在“亚洲工厂”制造中心的地位。但应注意的是，不论中国在区域内国际生产分割水平还是区域外国际生产分割水平都低于“亚洲工厂”的平均水平。与表 4.2 第（1）～（3）列数据作为对比，可以看到，2008 年中国制造业区域内国际分割水平（DVA_B_IN ratio 指数为 0.721）仍低于同时期所在“亚洲工厂”区域的区域内国际分割水平（2008 年 DVA_B_IN ratio 指数为 0.654），而中国制造业区域外国际生产分割水平（DVA_B_OUT ratio 指数为 0.760）同样也低于同时期所在“亚洲工厂”区域的区域外国际生产分割水平（2008 年 DVA_B_OUT ratio 指数为 0.731），中国国际生产分割水平有待进一步提升。

表 4.3 中国区域内和区域外国际生产分割变化

年份	DVA_B_IN ratio	DVA_B_OUT ratio	差额
	（1）	（2）	（3）
2000	0.812	0.811	0.001
2008	0.721	0.760	（0.039）
2009	0.760	0.798	（0.038）
2011	0.724	0.776	（0.052）
2014	0.745	0.813	（0.067）

续表

年份	DVA_B_IN ratio	DVA_B_OUT ratio	差额
	（1）	（2）	（3）
2000～2008	（0.091）	（0.051）	（0.040）
2008～2011	0.002	0.016	（0.014）
2011～2014	0.022	0.037	（0.015）
2000～2014	（0.067）	0.002	（0.068）

注：其中第（3）列差额表示 DVA_B_IN ratio 指数减去 DVA_B_OUT ratio 指数的数值，括号内数值为负值

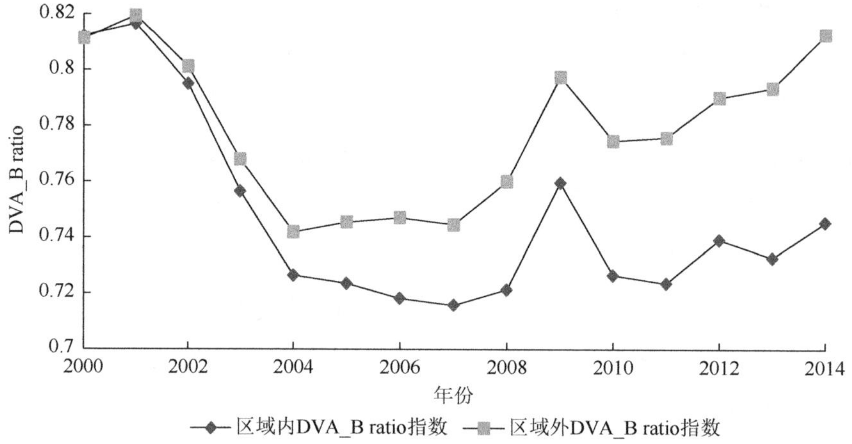

图 4.1　2000～2014 年中国区域内和区域外 DVA_B ratio 指数变化

4.3.3　中国制造业分行业国际生产分割区域性特征

根据式（4.17）和式（4.18），计算了中国制造业分行业在“亚洲工厂”区域内和区域外的 DVA_B ratio 指标，见表 4.4。

表 4.4　中国制造业分行业国际分割水平及变化

行业	DVA_B_IN ratio			DVA_B_OUT ratio			DVA_B_IN ratio–DVA_B_OUT ratio		
	2000 年	2014 年	2000～2014 年	2000 年	2014 年	2000～2014 年	2000 年	2014 年	2000～2014 年
	（1）	（2）	（3）	（4）	（5）	（6）	（7）	（8）	（9）
化学制品	0.769	0.667	（0.102）	0.816	0.795	（0.021）	（0.047）	（0.128）	（0.082）
电子及光学产品	0.690	0.635	（0.055）	0.704	0.728	0.024	（0.014）	（0.093）	（0.079）
非金属制品	0.868	0.767	（0.100）	0.876	0.848	（0.028）	（0.009）	（0.081）	（0.072）

续表

行业	DVA_B_IN ratio			DVA_B_OUT ratio			DVA_B_IN ratio–DVA_B_OUT ratio		
	2000 年	2014 年	2000～2014 年	2000 年	2014 年	2000～2014 年	2000 年	2014 年	2000～2014 年
	（1）	（2）	（3）	（4）	（5）	（6）	（7）	（8）	（9）
焦炭精炼石油	0.824	0.671	（0.153）	0.847	0.746	（0.101）	（0.023）	（0.074）	（0.051）
家具及其他制造	0.883	0.838	（0.045）	0.885	0.890	0.005	（0.002）	（0.051）	（0.049）
橡胶及塑料制品	0.812	0.774	（0.038）	0.821	0.822	0.001	（0.009）	（0.049）	（0.040）
汽车和挂车及半挂车	0.851	0.801	（0.051）	0.853	0.840	（0.013）	（0.002）	（0.039）	（0.037）
基本金属	0.800	0.702	（0.098）	0.840	0.774	（0.066）	（0.040）	（0.072）	（0.032）
金属制品	0.832	0.784	（0.048）	0.841	0.821	（0.020）	（0.009）	（0.037）	（0.028）
电力设备	0.812	0.770	（0.042）	0.819	0.804	（0.015）	（0.007）	（0.034）	（0.027）
媒介物印制及复制	0.859	0.825	（0.034）	0.868	0.856	（0.012）	（0.009）	（0.030）	（0.021）
木材及草编制品	0.867	0.832	（0.035）	0.873	0.857	（0.016）	（0.006）	（0.025）	（0.019）
机械设备	0.832	0.788	（0.044）	0.848	0.823	（0.025）	（0.016）	（0.035）	（0.019）
纸及纸制品	0.833	0.795	（0.038）	0.853	0.832	（0.021）	（0.020）	（0.038）	（0.018）
其他运输设备	0.825	0.805	（0.020）	0.828	0.825	（0.003）	（0.004）	（0.020）	（0.016）
医药产品和制剂	0.897	0.894	（0.003）	0.900	0.901	0.001	（0.003）	（0.007）	（0.004）
纺织品服装皮革	0.832	0.891	0.059	0.837	0.899	0.062	（0.005）	（0.007）	（0.002）
食品饮料烟草	0.929	0.921	（0.008）	0.929	0.923	（0.006）	（0.000）	（0.002）	（0.002）
总体	0.812	0.745	（0.067）	0.811	0.813	0.002	0.001	（0.067）	（0.068）

注：括号内为负值。总体表示制造业总体按照各行业的出口额为权重计算的加权平均值；第（1）、（2）、（4）、（5）列分别表示 2000 年、2014 年 DVA_B_IN ratio 指数和 DVA_B_OUT ratio 指数，第（3）、（6）列分别表示 2000～2014 年的变化额，为 2014 年指数减去 2000 年相关指数的差额，若差额为正，则表示中国区域内或区域外国际生产分割水平下降，若为负，则表示中国在区域内或区域外国际生产分割水平上升；第（7）、（8）列分别表示 2000～2014 年 DVA_B_IN ratio 指数减去 DVA_B_OUT ratio 指数的差额，若差额为负，则表示同时期区域内国际生产分割水平高于区域外，若为正，则表示区域内国际生产分割水平低于区域外；第（9）列表示 2000～2014 年 DVA_B_IN ratio 指数与 DVA_B_OUT ratio 指数变化额的差额，行业按照第（9）列升序排列

（1）中国绝大多数制造业行业区域内国际生产分割水平高于区域外国际生产分割水平。表 4.4 第（7）～（8）列显示，2000 年和 2014 年所有制造业行业的 DVA_B_IN ratio 指数减去 DVA_B_OUT ratio 指数的差额为负，说明中国绝大部分制造业的区域内国际生产分割水平要高于区域外国际生产分割水平，存在区域性特征。在行业差异上，2014 年电子及光学产品制造业行业的区域内国际生产分割水平最高，化学制品行业次之，而食品饮料烟草行业的区域内国际生产分割水平最低；同时期可以发现电子及光学产品制造业行业的区域外国际生产

分割水平也是最高，焦炭精炼石油位居第二位，而食品饮料烟草制造业行业的区域外国际生产分割水平仍然是最低。

（2）中国制造业区域内和区域外国际生产分割均逐步强化，但行业表现上具有差异性。如表 4.4 第（3）列所示，中国制造业总体的 DVA_B_IN ratio 指数 2000～2014 年降低了 0.067，这说明中国制造业区域内国际生产分割水平在不断提升。行业差异上，除纺织品服装皮革行业外，其他制造业行业的变化也均为负值。其中，焦炭精炼石油行业的 DVA_B_IN ratio 指标降低幅度最大，达到 0.153；化学制品行业下降幅度位列其后，这说明资本密集型和知识密集型制造业区域内国际分割水平提高幅度相对较大。纺织品服装皮革行业的变化为正值，木材及草编制品制造业行业的变化幅度也相对较小，这充分说明劳动密集型制造业的区域内国际分割水平有所下降或提升幅度较小。表 4.4 第（6）列显示 2000～2014 年在 DVA_B_IN ratio 指标下降的同时，中国制造业总体的 DVA_B_OUT ratio 指标有一定小幅度的提升。这说明中国制造业的区域外国际生产分割水平在逐步下降，但下降的幅度小于区域内国际生产分割提升的水平。同样，在行业差异上，纺织品服装皮革、家具及其他制造、橡胶及塑料制品等劳动密集型制造业及电子及光学产品、医药产品和制剂行业的指标差额符号为正，其他 13 个制造业行业的差额均为负值。这种行业层面呈现的差异与中国制造业行业结构特征有着密切联系：以加工贸易为主的中国劳动密集型制造业长期在出口中占据较大的比重，但劳动密集型制造业技术门槛低，价值链条较短，近年来随着中国劳动力成本的提升，人口红利逐渐消失，加上 2005 年以来加工贸易政策的收紧，中国劳动密集型制造业正在逐步地向东南亚国家转移，这是导致劳动密集型制造业行业区域内和区域外国际生产分割水平有所下降的主要原因。同时，随着中国加入 WTO，贸易成本降低及外商直接投资井喷带动中国资本密集型和知识密集型制造业迅速发展，另外，技术进步带来运输成本大幅降低和信息技术发展削弱了地理距离与区域同盟对中间品贸易的阻碍，大大促进了国际生产关联的加强，使得中国资本密集型和知识密集型制造业区域内和区域外国际生产分割都得到一定程度的扩展和提升（电子及光学产品和医药产品和制剂两个知识密集型制造业区域外国际生产分割水平却有稍微下降）。

（3）中国制造业区域内国际生产分割水平提升的速度远高于区域外。表 4.4

第(9)列显示，中国制造业总体 DVA_B_IN ratio 指数增长额减去 DVA_B_OUT ratio 指数增长额差额为–0.068，显著为负，说明中国制造业总体区域内国际生产分割水平提升的速度幅度远高于区域外国际生产分割，这个结论也可以由表 4.4 第（7）～（8）列数值对比得出。表 4.4 第（8）列结果显示 2014 年所有制造业行业的 DVA_B_IN ratio 指数减去 DVA_B_OUT ratio 指数的差额显著小于 2000 年两者的差额，这更直观地佐证了前面得出的结论。在行业差异上，资本密集型和知识密集型制造业行业在区域内和区域外国际生产分割水平提升速度均较快，而劳动密集型制造业行业国际生产分割水平提升的速度较慢，部分行业甚至有所下降。

4.3.4 中国制造业区域内和区域外国际生产分割水平差异的原因分析

根据式（4.17）～式（4.22）计算了 2000～2014 年中国制造业总体及分行业区域内和区域外国际生产分割指数基于最终产品和中间品分解的相应指数，来进一步解释其差异性。其中，图 4.2 反映了 2000～2014 年中国制造业总体区域内和区域外 DVA_B ratio 指数基于出口产品类型分解的变化趋势；表 4.5 展示了 2000～2014 年中国制造业分行业区域内和区域外国际生产分割变化机制；表 4.6 展示了 2014 年区域内和区域外分出口产品类型国际生产分割指标及变化。

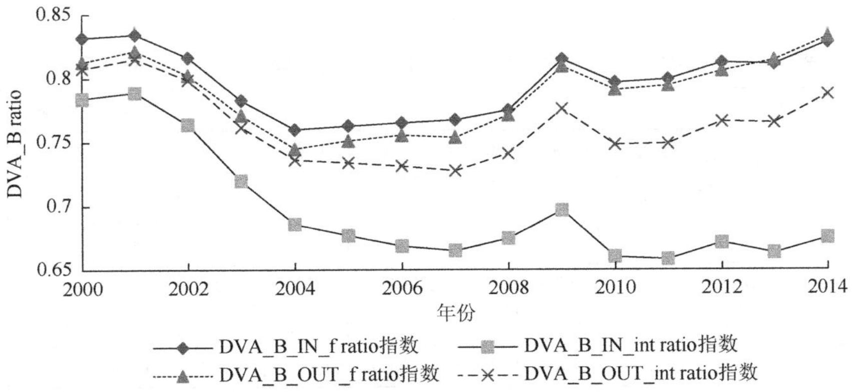

图 4.2 2000～2014 年中国制造业 DVA_B ratio 指数基于出口产品类型分解

表 4.5　2000～2014 年中国制造业分行业区域内和区域外国际生产分割变化机制

行业	区域内出口产品效应	区域内出口产品结构效应	区域外出口产品效应	区域外出口产品结构效应
	（1）	（2）	（3）	（4）
化学制品	（0.103）	0.001	（0.021）	0.001
电子及光学产品	（0.043）	（0.012）	0.029	（0.006）
非金属制品	（0.093）	（0.008）	（0.024）	（0.004）
焦炭精炼石油	（0.150）	（0.003）	（0.105）	0.003
家具及其他制造	（0.009）	（0.036）	（0.042）	（0.002）
橡胶及塑料制品	（0.028）	（0.011）	0.005	（0.003）
汽车和挂车及半挂车	（0.027）	（0.024）	（0.016）	0.003
基本金属	（0.101）	0.003	（0.071）	0.006
金属制品	（0.047）	（0.002）	（0.020）	0.000
电力设备	（0.035）	（0.008）	（0.011）	（0.004）
媒介物印制及复制	（0.038）	0.004	（0.015）	0.002
木材及草编制品	（0.027）	（0.008）	（0.012）	（0.004）
机械设备	（0.046）	0.001	（0.020）	（0.005）
纸及纸制品	（0.049）	0.011	（0.024）	0.004
其他运输设备	（0.013）	（0.007）	0.002	（0.006）
医药产品和制剂	0.006	（0.009）	0.003	（0.002）
纺织品服装皮革	0.060	（0.001）	0.063	（0.002）
食品饮料烟草	（0.005）	（0.003）	（0.006）	0.000
总体	（0.047）	（0.020）	0.007	（0.006）

注：括号内为负值

表 4.6　中国制造业区域内和区域外出口产品类型国际生产分割指标及变化

行业	2014 年						2000～2014 年			
	DVA_B_IN_f ratio	DVA_B_IN_int ratio	DVA_B_OUT_f ratio	DVA_B_OUT_int ratio	区域内中间品出口比重	区域外中间品出口比重	DVA_B_IN_f ratio 变动	DVA_B_IN_int ratio 变动	DVA_B_OUT_f ratio 变动	DVA_B_OUT_int ratio 变动
	（1）	（2）	（3）	（4）	（5）	（6）	（7）	（8）	（9）	（10）
化学制品	0.823	0.657	0.823	0.792	94%	89%	（0.002）	（0.109）	（0.002）	（0.023）
电子及光学产品	0.744	0.522	0.744	0.701	49%	38%	0.036	（0.146）	0.036	0.008
非金属制品	0.859	0.762	0.859	0.845	95%	76%	（0.019）	（0.104）	（0.019）	（0.029）
焦炭精炼石油	0.768	0.657	0.768	0.740	87%	79%	（0.086）	（0.161）	（0.086）	（0.107）
家具及其他制造	0.893	0.779	0.893	0.875	48%	20%	0.008	（0.094）	0.008	（0.006）

续表

行业	2014 年						2000～2014 年			
	DVA_B_IN_f ratio	DVA_B_IN_int ratio	DVA_B_OUT_f ratio	DVA_B_OUT_int ratio	区域内中间品出口比重	区域外中间品出口比重	DVA_B_IN_f ratio 变动	DVA_B_IN_int ratio 变动	DVA_B_OUT_f ratio 变动	DVA_B_OUT_int ratio 变动
	（1）	（2）	（3）	（4）	（5）	（6）	（7）	（8）	（9）	（10）
橡胶及塑料制品	0.839	0.747	0.839	0.815	71%	70%	0.014	（0.056）	0.014	（0.003）
汽车和挂车及半挂车	0.857	0.788	0.857	0.831	81%	68%	0.001	（0.058）	0.001	（0.020）
基本金属	0.798	0.698	0.798	0.767	96%	77%	（0.050）	（0.101）	（0.050）	（0.072）
金属制品	0.838	0.771	0.838	0.811	80%	63%	（0.007）	（0.058）	（0.007）	（0.027）
电力设备	0.819	0.713	0.819	0.788	46%	46%	（0.004）	（0.083）	（0.004）	（0.026）
媒介物印制及复制	0.874	0.821	0.874	0.853	92%	88%	0.003	（0.038）	0.003	（0.015）
木材及草编制品	0.872	0.827	0.872	0.852	89%	76%	（0.005）	（0.037）	（0.005）	（0.019）
机械设备	0.839	0.736	0.839	0.803	50%	43%	（0.012）	（0.078）	（0.012）	（0.040）
纸及纸制品	0.850	0.781	0.850	0.828	80%	79%	（0.009）	（0.050）	（0.009）	（0.025）
其他运输设备	0.835	0.775	0.835	0.806	50%	35%	0.005	（0.042）	0.005	（0.016）
医药产品和制剂	0.911	0.893	0.911	0.893	92%	56%	0.008	0.003	0.008	（0.004）
纺织品服装皮革	0.902	0.810	0.902	0.878	12%	16%	0.065	0.025	0.065	0.050
食品饮料烟草	0.928	0.897	0.928	0.910	21%	24%	（0.002）	（0.025）	（0.002）	（0.016）
总体	0.828	0.675	0.832	0.787	53%	42%	（0.004）	（0.109）	0.019	（0.021）

注：括号内为负值

（1）区域内中间品国际生产分割水平高于区域外，是导致中国制造业区域内和区域外国际生产分割水平差异的主要原因。如图 4.2 所示，根据进一步的分解发现，2000～2014 年中国制造业总体 DVA_B_IN_f ratio 指数与 DVA_B_OUT_f ratio 指数的变化趋势差异不明显①，而不同年份的 DVA_B_IN_int ratio 指数均远低于 DVA_B_OUT_int ratio 指数，这一差距在 2004 年后呈现逐步扩大的趋势，2014 年两指数的差额为–0.112（DVA_B_IN_int ratio 指数减去 DVA_B_OUT_int ratio 指数）。这说明区域内中间品国际生产分割水平高于区域外是导致区域内和区域外国际生产分割水平差异的主因。在部门差异上，由表 4.6 第（1）～（4）列可以发现，2014 年所有制造业部门的 DVA_B_IN_int ratio 指数均低于 DVA_B_OUT_int ratio

① 部门层面 DVA_B_IN_f ratio 指数与 DVA_B_OUT_f ratio 指数是相等的，在制造业总体层面由于区域内和区域外最终产品出口结构的不同，呈现差异性，与部门层面的相等并不矛盾。

指数，其中差异最大的为电子及光学产品制造业行业，差额为–0.179；其次为化学制品制造业行业，差额为–0.135；差异最小的为医药产品和制剂制造业行业，差额不到–0.001。

（2）出口产品效应是中国制造业区域内和区域外国际生产分割水平提升的主因。通过表 4.4 第（3）列及表 4.5 第（1）～（2）列可以发现，2000～2014 年中国制造业总体 DVA_B_IN ratio 指数变化了–0.067，区域内出口产品效应为–0.047，出口产品结构效应为–0.020，区域内出口产品效应约占 DVA_B_IN ratio 指数变化的 70%。同样，通过表 4.4 第（6）列及表 4.5 第（3）～（4）列可以发现，2000～2014 年中国制造业总体 DVA_B_OUT ratio 指数变化了 0.002，区域外出口产品效应为 0.007，出口产品结构效应为–0.006。这表明出口产品效应，即出口最终产品和中间品在区域内和区域外国际生产分割水平的大幅提升或下降，是中国制造业区域内和区域外国际生产分割水平提升或下降的主要动力。同时，也应看到出口产品结构效应方向均为负，表明出口产品结构的变化也有利于区域内和区域外国际生产分割水平的提升。在行业差异上，大部分制造业的出口产品效应和出口产品结构效应均与总体效应变化方向一致。在区域内，医药产品和制剂、纺织品服装皮革区域内出口产品效应为正，化学制品、基本金属、媒介物印制及复制、机械设备和纸及纸制品行业的出口产品结构效应均为正；区域外，电子及光学产品、橡胶及塑料制品、其他运输设备、医药产品和制剂、纺织品服装皮革出口产品效应为正，与区域外总效应保持一致，但这些行业的出口产品结构效应为负；化学制品、焦炭精炼石油、汽车和挂车及半挂车、基本金属、媒介物印制及复制、纸及纸制品、食品饮料烟草等资本密集型制造业的区域外出口产品结构效应为正值，表明这些行业的出口产品结构变动不利于国际生产分割水平的提升。

（3）造成区域内国际生产分割提升速度高于区域外的主要原因是区域内中间品国际生产分割水平提升得更快，且中间品出口比重相对较高。由表 4.6 第（8）列和第（10）列可以发现，2000～2014 年 DVA_B_IN_int ratio 指数变化了–0.109，而 DVA_B_OUT_int ratio 指数变化了–0.021，前者下降的幅度大于后者，这说明区域内出口中间品国际生产分割水平提升的速度高于区域外，同时，这也是导致区域内国际生产分割提升速度高于区域外的主要原因。另外，区域内中间品出口比重大于区域外也是一个原因［表 4.6 第（5）～（6）列显示 2014 年区域内和区域外中间品出口比重分别为 53%和 42%]。在部门差异上，医药产品和制剂及纺织品服装皮革制造业行业外，其他制造业行业的 DVA_B_IN_int ratio 指数下降的幅度均大于 DVA_B_OUT_int ratio 指数。纺织品服装皮革制造业行业的区域内指数和区域外指数变化均为正值，表明纺织服装皮革制造业行业在区域内和区域外最终产品和中间品国际生产分割水平都有一定程度的下降。

4.3.5 出口中间品国际生产分割变化的进一步分解

根据上一节分析，区域内出口中间品国际生产分割水平高于区域外出口中间品，是导致中国制造业区域内和区域外国际生产分割水平差异的主要原因，同时，区域内出口中间品国际生产分割水平比区域外提升得更快。为进一步探析这种差异是由区域内国家最终需求诱发还是由区域外国家最终需求诱发的，更好地提供贸易政策设计参考价值，本节根据式（4.23）～式（4.26）将中国制造业区域内和区域外中间品增加值出口分解为区域内直接诱发部分和区域内间接诱发部分，以及区域外直接诱发部分和区域外间接诱发部分来进一步地考察，分解结果见表 4.7。

表 4.7 中国制造业区域内和区域外出口中间品国际生产分割变化

行业	2000～2014 年指数变动				2014 年占比			
	d_DVA_B_IN_int ratio	ind_DVA_B_IN_int ratio	d_DVA_B_OUT_int ratio	ind_DVA_B_OUT_int ratio	d_DVA_B_IN_int ratio	ind_DVA_B_IN_int ratio	d_DVA_B_OUT_int ratio	ind_DVA_B_OUT_int ratio
	（1）	（2）	（3）	（4）	（5）	（6）	（7）	（8）
化学制品	（0.140）	0.031	（0.017）	（0.006）	57%	43%	98%	2%
电子及光学产品	（0.123）	（0.023）	0.017	（0.009）	50%	50%	98%	2%
非金属制品	（0.170）	0.066	（0.025）	（0.004）	79%	21%	99%	1%
焦炭精炼石油	（0.220）	0.059	（0.101）	（0.006）	65%	35%	98%	2%
家具及其他制造	（0.262）	0.168	（0.003）	（0.002）	60%	40%	99%	1%
橡胶及塑料制品	（0.119）	0.063	0.002	（0.005）	66%	34%	99%	1%
汽车和挂车及半挂车	（0.156）	0.098	（0.018）	（0.003）	45%	55%	99%	1%
基本金属	（0.150）	0.049	（0.062）	（0.010）	57%	43%	98%	2%
金属制品	（0.138）	0.080	（0.023）	（0.004）	74%	26%	98%	2%
电力设备	（0.131）	0.047	（0.022）	（0.004）	62%	38%	98%	2%
媒介物印制及复制	（0.083）	0.045	（0.015）	（0.000）	83%	17%	99%	1%

续表

行业	2000～2014 年指数变动				2014 年占比			
	d_DVA_B_IN_int ratio	ind_DVA_B_IN_int ratio	d_DVA_B_OUT_int ratio	ind_DVA_B_OUT_int ratio	d_DVA_B_IN_int ratio	ind_DVA_B_IN_int ratio	d_DVA_B_OUT_int ratio	ind_DVA_B_OUT_int ratio
	(1)	(2)	(3)	(4)	(5)	(6)	(7)	(8)
木材及草编制品	(0.051)	0.014	(0.012)	(0.006)	86%	14%	99%	1%
机械设备	(0.109)	0.031	(0.034)	(0.006)	64%	36%	98%	2%
纸及纸制品	(0.080)	0.029	(0.020)	(0.005)	78%	22%	98%	2%
其他运输设备	(0.080)	0.038	(0.006)	(0.010)	60%	40%	98%	2%
医药产品和制剂	0.035	(0.032)	(0.004)	(0.001)	96%	4%	98%	2%
纺织品服装皮革	0.069	(0.044)	0.050	(0.001)	69%	31%	98%	2%
食品饮料烟草	(0.056)	0.032	(0.013)	(0.003)	90%	10%	99%	1%
总体	(0.140)	0.030	(0.015)	(0.006)	62%	38%	98%	2%

注：括号内为负值。总体表示制造业总体按照各行业的出口额为权重计算的加权平均值；第（1）～（4）列分别表示 2000～2014 年区域内和区域外中间品出口国际生产分割直接诱发部分和间接诱发部分的变动；第（5）～（8）列分别表示 2014 年直接诱发部分和间接诱发部分分别占区域内和区域外中间品出口国际生产分割指标的比重。行业按照表 4.4 顺序排列

（1）直接诱发部分是中国制造业出口中间品国际生产分割水平提升的主因。由表 4.7 第（1）～（2）列可以发现，2000～2014 年中国制造业总体 d_DVA_B_IN_int ratio 指数下降了 0.140，比 DVA_B_IN_int ratio 指数下降的幅度稍大［DVA_B_IN_int ratio 指数下降值为 0.109，见表 4.6 第（8）列］，同时，ind_DVA_B_IN_int ratio 指数上升了 0.030。这说明分析期内中国制造业区域内出口中间品 DVA_B_IN_int ratio 指数下降主要是由于直接诱发部分（d_DVA_B_IN_int ratio 指数）下降；同样由表 4.7 第（3）和第（4）列可以发现，区域外中间品 DVA_B_OUT_int ratio 指数下降主要是由于直接诱发部分（d_DVA_B_OUT_int ratio 指数）下降，但同时 ind_DVA_B_OUT_int ratio 指数也有一定程度的下降。因此，不论区域内还是区域外中间品国际生产分割水平的提升，直接诱发部分带来的指数下降是主要决定因素。在产业差异上，除电子及光学产品、医药产品和制剂、纺织品服装皮革 3 个制造业行业外，其他制造业行业 ind_DVA_B_IN_int ratio 指数变化均为正，表明这 3 个制造业行业出口中间品中增加值通过区域内国家再出口到区域外国家最终消费的比重有所下降；大部分制造业 d_DVA_B_OUT_int ratio 指数和 ind_DVA_B_OUT_int ratio 指数的变化均与总体一致，但纺织品服装皮革、

橡胶及塑料制品两个劳动密集型制造业行业 d_DVA_B_OUT_int ratio 指数的变化为正，说明中国劳动密集型制造业出口中间品在全球范围内的国际分割水平都有所下降，国内正承担着越来越多的制造环节，劳动密集型制造业的转型还面临着较大压力。

（2）中国制造业出口中间品国际生产分割仍然是以直接诱发方式为主，但区域内间接诱发的作用不可小觑。由表 4.7 第（5）、（7）列可以看到，2014 年中国制造业总体出口中间品的 d_DVA_B_IN_int ratio 及 d_DVA_B_OUT_int ratio 指数占 DVA_B_IN_int ratio 指数和 DVA_B_OUT_int ratio 指数的比值分别为 62%和 98%，这说明不论区域内还是区域外中国制造业出口中间品国际生产分割仍然以直接诱发的方式为主，体现在国家双边贸易中的中间品出口生产关联仍是中国制造业国际生产分割的重要方式。2014 年 ind_DVA_B_IN_int ratio 指数占 38%的比重说明中国与“亚洲工厂”区域内国家形成了密切的生产分割体系，中国有将近 38%的出口中间品在“亚洲工厂”区域内被重新投入生产当中，再次以中间品和最终消费品的形式出口到“亚洲工厂”区域外国家被最终吸收。

4.4 小　结

本章的核心主要集中在国际生产分割呈现的区域性和全球性特征的进一步探讨分析。首先，在第 2 章理论分析的基础上构建了国际生产分割的地域特征分析理论；其次，分析了以 3 个主要贸易区域，即欧盟、NAFTA 和“亚洲工厂”的国际生产分割的区域性特征；最后，以中国制造业为例分析了中国制造业整体和分行业的国际生产分割呈现的地域分布特征及演变机制。

5 邻近与国际生产分割

基于前面的分析，我们看到近 15 年全球的国际生产分割都在逐步加速。这些生产分割过程也较多地被学者称为全球性的生产链或者价值链。但事实上，国际生产分割具有典型的区域性特征：一方面，区域性国家之间的国际生产分割水平更高一些；另一方面，区域性国家之间的生产分割水平提升得更快。这给我们的启示就是很多的生产分割可能只发生在地理邻近的国家之间，同时越来越多的生产分割阶段将会在邻近国家之间进行配置。这是因为邻近可以节约生产阶段之间的运输成本，更进一步，邻近国家之间的区域贸易一体化活动也可以降低贸易壁垒，尤其是中间品多次跨境而产生的贸易成本扩大效应。基于以上逻辑，我们可以预见到邻近与国际生产分割之间存在正效应，即邻近贸易伙伴国之间的国际生产分割更为集中。在本章中，我们也将为这个猜想提供实证支持。因此，本章主要关注以下两个关键问题：第一，随着双边国家距离变化，国际生产分割会如何响应？第二，响应是如何随着时间变化而变化的？

5.1 引力模型分析及扩展

有关距离与贸易流量的分析离不开引力方程。本书也将在引力方程的基础上构建距离影响国际生产分割的分析框架，来进一步研究距离对国际生产分割的影响。

5.1.1 引力模型的逻辑基础及扩展

引力方程最初由 Tinbergen（1962）提出，其研究指出两国之间的双边贸易流量可以用一个类似于牛顿万有引力理论的“引力方程”来近似估计。与牛顿万有引力理论中行星间引力与质量和邻近度成比例相似，引力方程认为两国贸易流量与 GDP 规模和邻近度成比例。最初，引力方程被认为仅仅是经济体的规模、它们之间的距离和它们之间的贸易流量三个变量之间经验上的稳定关系。

引力方程在经验研究中对双边贸易流量的解释力所表现出来的良好稳定性，促使越来越多的学者进行基础理论的探讨。Anderson（1979）基于阿明顿假设（Armington 假设）对引力模型的理论进行基础解释，即消费者对不同产品的偏好不同，这就意味着一个国家必须从其他国家消费一定数量和种类的产品，即存在贸易，在均衡状态时，一国国民收入等于所有国家（包括本国）对本国特定产品需求的总和。因此，国家的规模越大，进出口流量的规模也就越大，进出口流量与国家规模成正比。同时，贸易成本具有“冰山”运输成本①的性质，距离带来的运输成本减少了贸易流量（Anderson，1979）。之后，越来越多的研究表明，引力模型并未超出传统贸易理论的范围。Bergstrand（1985，1989）也指出在经典的克鲁格曼垄断竞争贸易模型下，消费者存在差异化产品偏好，同质国家也会存在差异化产品的贸易。之后学者也分别从李嘉图模型和异质性企业模型中得出类似的引力方程（Eaton and Kortum，2002；Helpman et al.，2008；Chaney，2008）。

我们同样以本书通用表达方式，以 S、R 表示国家。在通常表述中，引力方程的乘法形式可表示为

$$E^{sr} = GX^{s}M^{r}\varnothing^{sr} \tag{5.1}$$

其中，E^{sr} 表示 S 国出口到 R 国的货币价值，表示双边出口流量；X^{s}、M^{r} 分别表示出口国和目的国的固定要素，如需求规模（GDP）等；G 表示世界自由化水平等不依赖于出口国和目的国的其他影响因素；$\varnothing^{sr}$ 表示出口国进入目的国的便利化程度，是双边出口阻力的倒数。

也有一部分学者从经济理论方面强调了引力模型中的使用规范和变量设定的重要性。这方面最重要的工作是 Anderson 和 van Wincoop（2003）提出的，认为贸易成本的设定形式对引力模型至关重要。这主要是因为，双边贸易是由相对贸易成本决定的，而不是简单地由两国绝对贸易成本决定，即 R 国从 S 国的进口倾向是由双边贸易成本相对于 R 国对进口的“阻力”（加权平均贸易成本）及国家 S 出口商所面临的平均“阻力”来决定的，即面临的是“多边阻力”（multilateral trade

① “冰山”运输成本（iceberg transport cost）意味着将只有一小部分的货物完好地运达目的地，其余部分在运输过程中融化了。

resistance，MTR）。因此，基于这个理论，引力方程形式如下：

$$E^{sr}=\frac{Y^{s}Y^{r}}{Y^{w}}\left(\frac{\tau^{sr}}{\Pi^{s}P^{r}}\right)^{1-\sigma} \tag{5.2}$$

其中，Y^{w} 表示世界经济规模（世界 GDP）；Y^{s} 和 Y^{r} 分别表示 S 国和 R 国的经济规模（GDP）；τ^{sr} 表示出口阻力；σ 表示替代弹性且 $\sigma>1$；Π^{s} 和 P^{r} 表示出口国和目的国多边阻力。式（5.2）通过引入多边贸易阻力条件，解决了传统引力方程（式 6.1）中仅仅利用 GDP 来简单替代 X^{s}、M^{r} 表征而没有控制多边阻力条件时可能产生的估计错误。

为不失一般性，我们分别给出 Π^{s} 和 P^{r} 的表达式：

$$\Pi^{s}=\left[\sum_{r}\theta^{r}\left(\frac{\tau^{sr}}{P^{r}}\right)^{1-\sigma}\right]^{\frac{1}{1-\sigma}} \tag{5.3}$$

$$P^{r}=\left[\sum_{s}\theta^{s}\left(\frac{\tau^{sr}}{\Pi^{s}}\right)^{1-\sigma}\right]^{\frac{1}{1-\sigma}} \tag{5.4}$$

其中，θ^{s} 和 θ^{r} 分别表示 S 国和 R 国 GDP 分别占世界 GDP 的比重，即规模份额。为方便估计，对式（5.2）等式两边分别取自然对数，得到可利用 OLS 的对数线性估计方程：

$$\ln E^{sr}=\ln Y^{s}+\ln Y^{r}-\ln Y^{w}+(1-\sigma)\ln\tau^{sr}-(1-\sigma)\Pi^{s}-(1-\sigma)P^{r} \tag{5.5}$$

式（5.5）表明，引力方程将双边贸易的自然对数与各国 GDP 的对数、双边贸易壁垒、多边贸易阻力因素共同联系起来。在实证研究中，通常的做法是利用双边距离来替代贸易成本。同时还包括一些哑变量，如岛屿、内陆国家和共同边界等。将这些变量纳入进来具有一定的理论依据：一般而言，距离会增加运输成本，内陆国家和岛屿运输成本比较高，但较邻近国家的运输成本就比较低；共同语言、邻接或殖民地历史作为哑变量表示信息搜寻成本；关税壁垒一般以是否存在区域贸易协定为哑变量。因此，贸易成本的一般形式可表示为

$$\tau^{sr}=(\text{dist}^{sr})^{\delta_1}\times\exp(\delta_2\text{contig}^{sr}+\delta_3\text{lang}^{sr}+\delta_4\text{col}^{sr}+\delta_5\text{landlock}^{sr}) \tag{5.6}$$

其中，dist^{sr} 表示两国距离；contig^{sr}、lang^{sr}、col^{sr}、landlock^{sr} 均为哑变量，分

别表示两国是否共同边界、共同语言、殖民情况、是否内陆国家，或是否具有区域贸易协定，这些变量均被认为是双边贸易的重要决定因素，本书也将在计量模型中控制这些变量。

另外，对式（5.5）进行估计还要解决多边阻力变量的问题，一般而言，这些变量是无法直接观测的。处理多边阻力变量常用的方法主要有三种：第一种是Anderson 和 van Wincoop（2003）提出的迭代方法，由于在估计时需要非线性程序，比较麻烦，不太常用；第二种是利用一个所谓“偏远度”变量来替代；第三种方法最为简单，也最为常用，就是采用出口国和目的国的国别效应来替代（Rose and van Wincoop，2001；Feenstra，2004；Baldwin and Taglioni，2006）。本书将采用第三种方法。

由于本书主要关注距离变量的影响，因此，基于出口总值的扩展引力模型的计量方程可以表示为

$$\begin{aligned}\ln E_{ijt} = {} & \beta_0 + \beta_1 I_{it} + \beta_2 I_{jt} + \beta_3 I_{ij} + \delta_1 \ln(\text{dist}_{ij}) + \delta_2 \ln(\text{contig}_{ij}) + \delta_3 \ln(\text{lang}_{ij}) \\ & + \delta_4 \ln(\text{col}_{ij}) + \delta_5 \ln(\text{landlock}_{ij}) + \eta_{ijt}\end{aligned} \tag{5.7}$$

5.1.2 距离与国际生产分割引力模型构建

基于上节分析，引力模型构建了出口总值与距离的相关关系。在贸易开始的早期，一国出口的产品多为最终消费产品，这些产品出口到国外并最终被吸收，出口国内增加值完全等于出口总值，这说明出口国内增加值与距离的关系可以利用引力模型来解释。随着劳动分工扩展到国家之间，中间品贸易日益繁荣，国际生产分割水平的提高导致出口总值中，包含了越来越多的国外增加值，同时还包含了越来越多出口返回的国内增加值。而最近的研究表明，作为出口总值一部分的国内增加值出口与贸易成本的关系也存在引力方程的解释（Johnson and Noguera，2012c，2014；Estevadeordal et al.，2013）。因此，可得到

$$\begin{aligned}\ln \text{DVA\_B}_{ijt} = {} & \gamma_0 + \gamma_1 I_{it} + \gamma_2 I_{jt} + \gamma_3 I_{ij} + \gamma_4 \ln(\text{dist}_{ij}) + \gamma_5 \ln(\text{contig}_{ij}) \\ & + \gamma_6 \ln(\text{lang}_{ij}) + \gamma_7 \ln(\text{col}_{ij}) + \gamma_8 \ln(\text{landlock}_{ij}) + \mu_{ijt}\end{aligned} \tag{5.8}$$

根据式（5.7）和式（5.8）及国际生产分割指标计算公式，可得到国际生产分割指标的引力模型估计方程：

$$\begin{aligned}\ln\mathrm{DVA\_B\,ratio}_{ijt} = {} & \chi_0 + \chi_1 I_{it} + \chi_2 I_{jt} + \chi_3 I_{ij} + \chi_4 \ln(\mathrm{dist}_{ij}) + \chi_5 \ln(\mathrm{contig}_{ij}) \\ & + \chi_6 \ln(\mathrm{lang}_{ij}) + \chi_7 \ln(\mathrm{col}_{ij}) + \chi_8 \ln(\mathrm{landlock}_{ij}) + \xi_{ijt}\end{aligned} \tag{5.9}$$

我们首先假定ξ_{ijt}与距离及双方固定效应I_{ij}均不相关，来估计式（5.9）。这种设定可以还原贸易成本系数的水平。双方固定效应I_{ij}控制了其他无法观察到的不随时间变化的双边因素，以尽量解决遗漏变量问题；I_{it}和I_{jt}一方面控制了不随时间变化的进口国和目的国特征，另一方面还控制了其他随时间变化的国家个体特征，如国家规模等。由于地理距离不随时间变化，无法采用普通固定效应模型，因此根据式（5.9）分别进行两步估计，第一步进行截面数据回归估计；第二步根据随机效应模型利用2000～2014年面板数据回归估计。

通过上章的分析，可以发现，从国家整体层面到双边国家层面，国际生产分割呈现了更多的异质性特征，不论在横截面的国家组合之间还是时变的国家组合内部，国际生产分割都表现出了差异。为进一步地捕捉这种变化，我们将主要估计国际生产分割的变化与距离之间的关系。对式（5.9）进行变换，估计其差分方程：

$$\begin{aligned}\Delta\ln\mathrm{DVA\_B\,ratio}_{ijt} = {} & \lambda_0 + \lambda_1 \Delta I_{it} + \lambda_2 \Delta I_{jt} + \lambda_3 \ln(\mathrm{dist}_{ij}) + \lambda_4 \ln(\mathrm{contig}_{ij}) \\ & + \lambda_5 \ln(\mathrm{lang}_{ij}) + \lambda_6 \ln(\mathrm{col}_{ij}) + \lambda_7 \ln(\mathrm{landlock}_{ij}) + \varepsilon_{ijt}\end{aligned} \tag{5.10}$$

其中，$\Delta\ln\mathrm{DVA\_B\,ratio}_{ijt} = \ln\mathrm{DVA\_B\,ratio}_{ijt} - \ln\mathrm{DVA\_B\,ratio}_{ij(t-1)}$，而我们主要关注系数$\lambda_3$是回归系数变化的估计。在式（5.10）中设定$t=\{2000;2014\}$，而$\lambda_3=\Delta\chi_4$表示回归系数时变的估计。特定潜在变量$I_{ij}$被差分掉，这也进一步控制了与距离相关的双边贸易成本随时间变化的其他变量。

5.2　数　　据

借鉴Carrère和Schiff（2005）及Johnson和Noguera（2012c）的研究，度量贸易伙伴国之间的贸易总量和增加值贸易两种形式的贸易加权平均距离。一国的贸易加权平均距离，主要表示为一国所有贸易伙伴国双边贸易或者增加值贸易占比为权重的距离加权平均。以S国总值出口加权距离（用DoE^s表示）计算为例，可表示为

$$\mathrm{DoE}^s \equiv \sum_{r\neq s}^{G}\left(\frac{E^{sr}}{E^s}\right)\mathrm{dist}^{sr} \tag{5.11}$$

其中，E^s表示S国总出口；dist^{sr}表示S国到R国的距离（单位：公里）。S国增加值出口加权距离（distance of domestic value added export，DoDVAE^s）计算公式可表示为

$$\mathrm{DoDVAE}^s \equiv \sum_{r\neq s}^{G}\left(\frac{\mathrm{DVA}^{sr}}{\mathrm{DVA}^s}\right)\mathrm{dist}^{sr} \tag{5.12}$$

其中，DVA^s表示依附在S国出口中被国外最终吸收的国内增加值总量。同理，也可以得到类似进口贸易加权距离。由于我们主要集中于出口增加值，下文将主要分析总值出口或者增加值出口加权距离。

根据 WIOTs 计算出口国内增加值和人口加权距离（单位：公里，来源于CEPII 距离数据库），分别计算了 42 个国家的总值出口加权距离和增加值出口加权距离，并以这些国家和地区的出口占比为权重得到 42 个国家为代表的世界总值出口加权距离和增加值出口加权距离。如图 5.1 展示了 2000～2014 年世界总值出口加权距离和增加值出口加权距离及差额，图 5.2 展示了 2000～2014 年中国总值出口加权距离和增加值出口加权距离及差额。

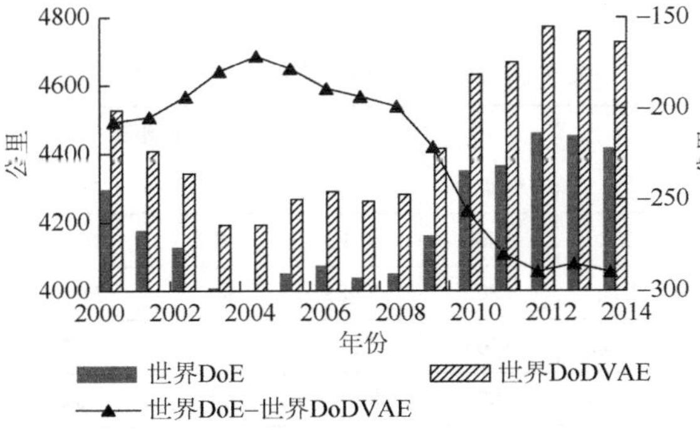

图 5.1　2000～2014 年世界总值出口加权距离和增加值出口加权距离及差额

从图 5.1 可以发现，2000～2008 年世界总值出口加权距离呈现下降趋势，这与 Carrère 和 Schiff（2005）的结论一致；同样在这一时期，世界增加值出口加权

距离也呈现类似的下降趋势，与 Johnson 和 Noguera（2012c）的结论也基本一致[①]。不论世界总体还是单个国家，总值出口加权距离小于增加值出口加权距离。在所有年份这一差额平均相当于增加值出口加权距离的 5%[②]。从图 5.1 的线条走势可以看出两者的差额呈现先增长后下降的倒“V”形趋势，下降趋势表示世界总值出口加权距离与增加值出口加权距离相比相对下降，这就意味着距离较近的贸易伙伴国之间的国际生产分割水平在提升。同样，通过图 5.2 可以发现，中国总值出口加权距离与增加值出口加权距离的差额也呈现明显的下降趋势。为了更直观地呈现距离与国际生产分割的关系，接下来我们将采用计量回归的方法。2008 年样本描述性统计分析结果见表 5.1。

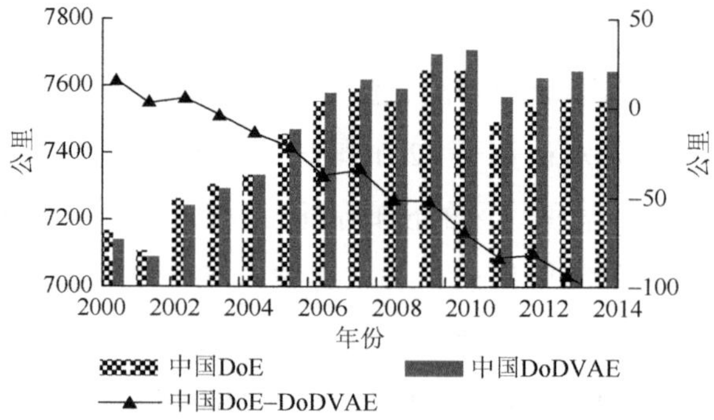

图 5.2　2000～2014 年中国总值出口加权距离和增加值出口加权距离及差额

表 5.1　2008 年样本描述性统计分析

变量	主要含义	总体		近距离		远距离	
		样本量	均值	样本量	均值	样本量	均值
lndva_br	国际生产分割	1806	−0.394	902	−0.429	904	−0.358
lndist	距离（最大城市间）	1806	7.985	902	7.015	904	8.954
lndistcap	距离（首都城市间）	1806	7.988	902	7.026	904	8.948
lndistw	距离（加权距离 1）	1806	8.028	902	7.081	904	8.973
lndistwces	距离（加权距离 2）	1806	7.996	902	7.026	904	8.963

① Johnson 和 Noguera（2012c）以 1970～2009 年 37 个国家和地区的数据代表世界总体，增加值出口加权距离主要利用 VAX 的方法计算，得到增加值出口加权距离与总值出口加权距离都下降的结论。

② 2000～2014 年以 42 个国家为代表的世界总值出口加权距离平均为 4189 公里，增加值出口加权距离为 4416 公里。

续表

变量	主要含义	总体		近距离		远距离	
		样本量	均值	样本量	均值	样本量	均值
contig	是否接壤	1806	0.060	902	0.113	904	0.007
comlang	是否有共同语言或者第一语言	1806	0.051	902	0.049	904	0.053
colony	曾为殖民地	1806	0.034	902	0.044	904	0.024
comcol	共为同一殖民者	1806	0.008	902	0.011	904	0.004
curcol	现为殖民地	1806	0.002	902	0.004	904	0.000
smctry	同一国家	1806	0.022	902	0.044	904	0.000

在表 5.1 中，根据两国最大城市间距离中位数进行分组，近距离同远距离相比，国际生产分割指标的对数值更小，表明距离越近的国家之间的国际生产分割水平相对更高。

同时，表 5.1 也列出了计量模型的主要变量。被解释变量为国际生产分割水平，主要采用 DVA_B ratio 指标，即双边出口中被国外最终吸收的国内增加值占出口的比值。主要关注的解释变量距离在现有模型中一般有 4 个：两国最大的城市之间的距离（lndist）、首都城市之间的距离（lndistcap）及两国根据人口和城市作为权重通过设定敏感参数而计算的加权距离［详见 Head 和 Mayer（2002）］。本书将采用最为常用的两国最大的城市之间的距离（lndist）作为主要解释变量。

其他控制变量均为哑变量，其中，contig 表示出口国和目的国是否接壤，若接壤则为 1，否则为 0；comlang 表示出口国和目的国是否拥有共同语言或者第一语言，若是则为 1，否则为 0；colony、comcol 及 curcol 3 个变量表示两国的殖民关系，其中 colony 为 1 表示两国具有殖民关系，其中一国曾经是另一国的殖民地，comcol 为 1 表示两国在 1945 年后为同一殖民者的殖民地，curcol 为 1 表示其中一国现在是另一国的殖民地，若以上 3 个变量均为 0，则分别表示不具有上述关系；smctry 表示曾经或者现在是否为同一个国家，若是，则为 1，否则为 0。

本书的国际生产分割数据根据 WIOD 中 2016 年 11 月发布的 WIOTs 测度

而得；距离及其他哑变量数据来自 CEPII 的 DIST 数据库。本书主要根据 WIOTs 的数据特征，选取了 42 个主要国家进行分析，每年对应 1806 个双边关系，2000～2014 年共 15 年累计 27 090 个双边关系，实际上存在贸易关系的有 27 090 个观测值，其中无零贸易关系。因此，本书根据式（5.9）和式（5.10）进行计量所利用的数据为平衡面板数据。

5.3　回归结果分析

本节将分三部分报告回归结果。首先，报告基于式（5.9）利用 2008 年截面数据进行回归的结果；其次，报告基于面板数据进行回归的结果；最后，汇报利用式（5.10）对国际生产分割水平变化进行回归的结果。

5.3.1　截面数据回归结果

由表 5.2 第（3）列可知，在未控制出口国和目的国固定效应时，DVA_B ratio 指标对地理距离的弹性为 0.038，且在 1%的水平上显著为正，表明随着距离的增加，DVA_B ratio 指标值越大，国际生产分割的水平越低。说明距离较近的国家之间存在较高的国际生产分割水平，这与理论预期基本一致，距离是影响国际生产分割的重要因素。在控制出口国和目的国固定效应后，可决系数大幅度增加（从 0.051 增加到 0.837），说明引入多边阻力对国际生产分割影响的重要性，大大提升了模型的解释力和适用性。DVA_B ratio 指标对地理距离的弹性为 0.014，仍在 1%的水平上显著为正［表 5.2 第（6）列］。同时本书采取逐步加入控制变量的做法，距离的估计系数变化不大，基本维持在 0.014～0.016，且均在 1%的水平上显著，进一步佐证了估计方程和结果的稳健性。

表 5.2　2008 年截面回归结果

变量	lndva_br	lndva_br	lndva_br	lndva_br	lndva_br	lndva_br
	（1）	（2）	（3）	（4）	（5）	（6）
ldist	0.037^{***} （0.004）	0.041^{***} （0.005）	0.038^{***} （0.005）	0.016^{***} （0.003）	0.015^{***} （0.003）	0.014^{***} （0.004）
contig	—	0.052^{***} （0.018）	0.062^{***} （0.020）	—	−0.007 （0.008）	−0.009 （0.009）

续表

变量	lndva_br	lndva_br	lndva_br	lndva_br	lndva_br	lndva_br
	(1)	(2)	(3)	(4)	(5)	(6)
comlang	—	−0.020 (0.026)	−0.031 (0.027)	—	−0.000 (0.012)	0.006 (0.012)
colony	—	—	0.046* (0.027)	—	—	−0.010 (0.012)
comcol	—	—	−0.113** (0.053)	—	—	−0.053*** (0.018)
curcol	—	—	0.051 (0.083)	—	—	−0.073 (0.054)
smctry	—	—	−0.085*** (0.029)	—	—	0.021 (0.014)
常数项	−0.686*** (0.032)	−0.722*** (0.037)	−0.702*** (0.038)	−0.338*** (0.030)	−0.326*** (0.033)	−0.324*** (0.035)
出口国固定效应	No	No	No	Yes	Yes	Yes
目的国固定效应	No	No	No	Yes	Yes	Yes
观测值数量	1806	1806	1806	1806	1806	1806
R^2	0.041	0.044	0.051	0.836	0.836	0.837

注：括号内为 t 值，方差为稳健标准误差[①]

***表示 $p<0.01$；**表示 $p<0.05$；*表示 $p<0.1$

其他哑变量的估计结果，在未控制出口国和目的国固定效应时，领土是否接壤变量（contig）的估计系数为0.062，且在1%的水平上显著，在控制固定效应后，估计系数仍为负，且不具有显著性；共同语言变量（comlang）在未控制固定效应前估计系数为负，但不显著，控制固定效应后，估计系数为正，仍不显著；曾为殖民地变量（colony）在未控制固定效应前估计系数为正，在10%的水平上显著，且在控制固定效应后仍为负，但不显著；在控制固定效应后，共为同一殖民者变量（comcol）、现为殖民地变量（curcol）的估计系数均为负，表明对国际生产分割存在促进效应，而同一国家变量（smctry）的估计系数为正，其中 comcol 变量的估计系数在 1%的水平上显著，curcol 和 smctry 变量的估计系数不显著。同时，我们应看到，在控制固定效应后，可决系数大幅度增加，说明多边阻力对于国际生产分割同样具有较大的解释力。由于本节回归时采用了稳健标准误差，异方差影响得到控制。

① 引力方程所处理的观测值可能都是异质性的，误差项的同方差假设可能不成立，因此应该使用稳健标准误差。

为进一步检验回归结果的稳健性，本节进一步估计了 2000～2014 年距离对国际生产分割的影响，主要关注的解释变量地理距离回归系数变化见图 5.3。

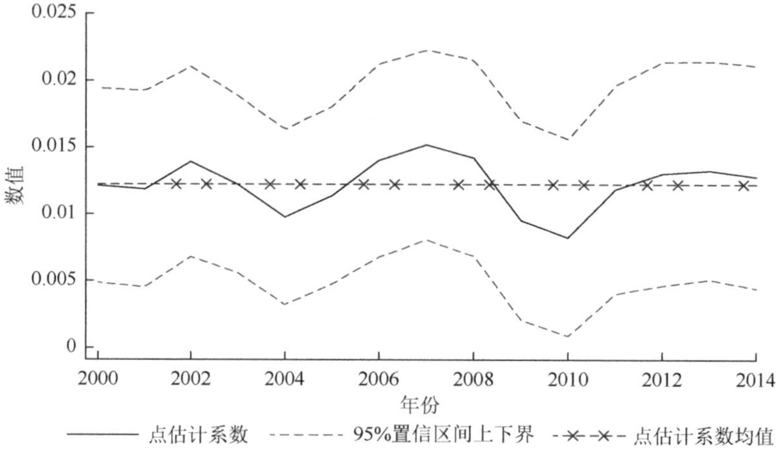

图 5.3　DVA_B ratio 指标对地理距离弹性

回归结果控制了进口国和目的国随时间变化的固定效应，并考虑了多边阻力因素。其中，中间的实线表示点估计系数随时间变化的趋势，上下两条虚线分别表示 95%置信区间的上界和下界，方差为稳健标准误差

根据图 5.3 可以发现，2000～2014 年 DVA_B ratio 指标对地理距离的弹性随时间变化在 0.012 上下波动。可见，本书的结论对于不同年份数据均成立。但值得注意的是，2008 年世界金融危机期间 DVA_B ratio 指标对地理距离的弹性降低，尤其是 2010 年弹性达到最低点（0.008），表明经济危机期间，地理距离代表的贸易成本对国际生产分割的阻碍作用减少。一个可能的原因就是经济或金融危机导致外部需求具有不确定性，贸易流量普遍萎缩，但具有较高国际生产分割水平的产品因为契约生产关系或者跨国公司内部，下降的幅度小于普通较低国际生产分割水平产品下降的幅度，造成弹性作用减少。

5.3.2　2000～2014 年面板数据回归结果

由于面板数据具有减少因国家异质性所产生的偏差优势，为进一步控制其他不可观测的双边贸易成本因素，验证分析结果的稳健性，将根据式（5.9）引入面板数据进行分析。由于地理距离不随时间变化，采用固定效应估计不是一个可行的选择，因此主要采用随机效应模型。另外，为检验结论稳健性，我们更换了地理距离的测度指标，采用 CEPII 数据库提供的另外三种距离指标分别做了回归。截面单位为出口国—目的国组合。表 5.3 报告了面板数据回归结果。

表 5.3 2000～2014 年面板数据随机效应模型回归结果

变量	lndva_br	lndva_br	lndva_br	lndva_br
	（1）	（2）	（3）	（4）
ldist	0.012*** （0.003）	—	—	—
ldistcap	—	0.012*** （0.003）	—	—
ldistw	—	—	0.012*** （0.003）	—
ldistwces	—	—	—	0.012*** （0.003）
contig	–0.018** （0.008）	–0.019** （0.008）	–0.020** （0.008）	–0.017** （0.008）
comlang	0.006 （0.010）	0.006 （0.010）	0.006 （0.010）	0.006 （0.010）
colony	–0.003 （0.009）	–0.003 （0.009）	–0.003 （0.009）	–0.003 （0.009）
comcol	–0.065*** （0.022）	–0.065*** （0.022）	–0.064*** （0.022）	–0.064*** （0.022）
curcol	–0.048* （0.029）	–0.045 （0.029）	–0.046 （0.028）	–0.045 （0.028）
smctry	0.024** （0.012）	0.024** （0.012）	0.023* （0.012）	0.024* （0.012）
常数项	–0.317*** （0.037）	–0.313*** （0.037）	–0.318*** （0.039）	–0.322*** （0.038）
观测值数量	27 090	27 090	27 090	27 090

注：括号内为 t 值，方差为稳健标准误差①

***表示 $p<0.01$；**表示 $p<0.05$；*表示 $p<0.1$

根据表 5.3 第（1）列和第（3）列，采取随机效应模型利用面板数据进行回归的结果表明，DVA_B ratio 指标对地理距离的弹性为 0.012，且在 1%的水平上显著为正，这与利用截面数据进行估计的结果基本一致，说明地理距离抑制国际生产分割的结论对于面板数据仍然是稳健的。表 5.3 第（2）～（4）列表明利用其他距离指标进行的弹性估计值均为 0.012，且在 1%的水平上显著，估计结果基本一致，佐证了结果的稳健性。同时在面板数据估计中，其他领土是否接壤变量（contig）、曾为殖民地变量（colony）、共为同一殖民者变量（comcol）及现为殖

① 引力方程所处理的观测值可能都是异质性的，误差项的同方差假设可能不成立，因此应该使用稳健标准误差。

民地变量（curcol）的估计系数均为负，符合预期，但曾为殖民地变量（colony）的影响并不显著，共为同一殖民者变量（comcol）在 1%的水平上显著，领土接壤变量（contig）在 5%的水平上显著，现为殖民地变量（curcol）的估计系数在 10%的水平上显著。共同语言变量（comlang）和同一国家变量（smctry）的估计系数为正，后者在 5%的水平上显著，前者不显著。

5.3.3　变化的弹性估计回归结果分析

我们根据式（5.10）进一步估计国际生产分割变化与距离的关系。表 5.4 展示了回归结果。

表 5.4　国际生产分割变化的回归结果

变量	lndva_br	lndva_br	lndva_br	lndva_br	lndva_br	lndva_br
	（1）	（2）	（3）	（4）	（5）	（6）
ldist	0.010*** （0.002）	0.011*** （0.003）	0.011*** （0.003）	0.002 （0.004）	0.001 （0.004）	0.001 （0.004）
contig	—	0.002 （0.012）	0.009 （0.013）	—	0.023*** （0.009）	0.025*** （0.010）
comlang	—	0.008 （0.012）	0.011 （0.012）	—	–0.004 （0.012）	–0.001 （0.013）
colony	—	—	–0.020 （0.016）	—	—	–0.024 （0.015）
comcol	—	—	–0.054 （0.044）	—	—	–0.023 （0.048）
curcol	—	—	0.044 （0.069）	—	—	0.023 （0.053）
smctry	—	—	–0.014 （0.017）	—	—	0.005 （0.019）
常数项	–0.167*** （0.019）	–0.175*** （0.022）	–0.170*** （0.022）	–0.027*** （0.035）	–0.017*** （0.040）	–0.012*** （0.040）
出口国固定效应	No	No	No	Yes	Yes	Yes
目的国固定效应	No	No	No	Yes	Yes	Yes
观测值数量	1806	1806	1806	1806	1806	1806
R^2	0.009	0.009	0.012	0.371	0.371	0.373

注：括号内为 *t* 值，方差为稳健标准误差[①]。被解释变量为国际生产分割的变化量 $\Delta \text{lnDVA\_B ratio}_{2014-2000} = \text{lnDVA\_B ratio}_{2014} - \text{lnDVA\_B ratio}_{2000}$

***表示 $p<0.01$

① 引力方程所处理的观测值可能都是异质性的，误差项的同方差假设可能不成立，因此应该使用稳健标准误差。

估计结果显示，在未控制出口国和目的国固定效应（见表 5.4 第（1）～（3）列）及未加入其他控制变量前，距离变量（ldist）的弹性为 0.010，在 1%水平上显著为正，但加入所有控制变量后，估计系数仍然在 1%的水平上显著；控制了出口国和目的国固定效应后，国际生产分割变化对距离的弹性并不显著，而且估计结果不稳健。这说明距离变量对国际生产分割变化的影响并不显著。本书的结果与 Johnson 和 Noguera（2012c）的估计结果有较大的区别①。这种区别的本质主要在于国际生产分割指标的差异：Johnson 和 Noguera（2012c）主要采用 VAX ratio 指标，包含了国内生产分割的部分，无法进行横向和纵向比较。邻近对国际生产分割变化的影响不显著的背后是除“亚洲工厂”区域外，其他两个贸易区域 NAFTA 和欧盟在这一时期区域内国家和区域外国家的双边国际生产分割水平变化的幅度基本一致的现实②。这说明，大多数国家双边国际生产分割的变化有共同的外部特征分析，限于篇幅，本书不再赘述，但未来识别国际生产分割变化的普遍影响机制和影响因素将是一项非常重要而且有意义的工作。同时，本书的研究重点集中在中国的国际生产分割特征，我们也将进一步分析“亚洲工厂”特别是中国的国际生产分割及变化的影响因素和机制。

5.4 有关中国的进一步讨论

本书将利用中国数据进行再一步的讨论分析。主要关注两个问题：一是中国国际生产分割对地理距离的弹性大小；二是探讨地理距离能否解释中国国际生产分割变化情况。

5.4.1 中国国际生产分割对地理距离弹性估计

利用中国数据进行估计，由于出口国只有中国一个国家，此时引力模型中的观察单元从变化的国别配对变成固定的国别配对，只有目的国发生变化，因此只需要加入目的国的国家哑变量，即目的国“国别固定效应”。在横截面数据估计中，

① Johnson 和 Noguera（2012c）基于 VAX ratio 指标利用 1970～2009 年双边非平衡面板数据估计结果显示国际生产分割的变化对距离的弹性为 0.10，且在 1%水平上显著为正。

② 见第 5 章相关部分的分析。

受限于样本数量（本书采用 WIOTs 数据，目的国数量仅有 42 个），估计结果可能会存在较大误差，因此本书主要采用面板估计模型进行估计。采用面板估计模型，还应加入时间虚拟变量，来控制全球经济随时间变化的影响（如全球经济的放缓等因素）。同样，根据常用处理方法，还应加入一组随时间变化的目的国国别效应，以控制随目的国时间变化的多边阻力①。在单国模型估计中，为避免受限于国家样本数量限制带来的估计误差，我们将借鉴 Johnson 和 Noguera（2012c，2014）的做法，只估计距离的弹性，其他控制变量纳入到控制的国别效应和固定效应中。因此，基本估计引力方程为

$$\ln \mathrm{DVA\_B\ ratio}_{cjt} = \chi_0 + \chi_1 I_j + \chi_2 I_{jt} + \chi_3 I_t + \chi_4 \ln(\mathrm{dist}_{cj}) + \xi_{cjt} \qquad (5.13)$$

根据方程（5.13）对中国 2000～2014 年面板数据进行估计，结果展示在表 5.5 中。我们分别报告了国家汇总面板数据的回归结果和制造业分行业面板数据回归结果，并分别基于劳动要素密集度行业、资本要素密集度行业及知识要素密集度行业面板数据做了回归结果。

表 5.5　2000～2014 年面板数据随机效应模型回归结果②

项目	国家汇总面板回归结果		制造业分行业面板回归结果		劳动密集型制造业	资本密集型制造业	知识密集型制造业
	lndva_br	lndva_br	lndva_br	lndva_br	lndva_br	lndva_br	lndva_br
	（1）	（2）	（3）	（4）	（5）	（6）	（7）
ldist	0.037* （0.023）	0.132*** （0.000）	0.027*** （0.008）	0.069*** （0.014）	0.033*** （0.003）	0.070*** （0.013）	0.083*** （0.032）
常数项	−0.569*** （0.196）	−1.448*** （0.000）	−0.455*** （0.068）	−0.783*** （0.128）	0.000 （0.000）	−0.794*** （0.125）	0.000 （0.000）

①施炳展等（2012）采用计算的目的国多边阻力（multilateral resistances，mres）来表示目的国多边阻力。联合国和世界贸易组织编写的《贸易政策分析实用指南》中指出，利用随时间变化的国别效应取代多边阻力指数，同样可以得到距离和其他双边变量的无偏估计。本书不失一般性，仍给出 Head 和 Mayer（2002）提供的一国多边阻力计算方法，即对所有国家对本国的双边贸易自由度指标根据规模权重加权平均来度量。具体计算公式为 $\mathrm{mres}_r = \sum_g^G \theta_g \phi_{gr}$，其中，$\theta_g$ 表示 G 国 GDP 分别占世界 GDP 的比重，即规模份额，作为权重。贸易自由度 $\phi_{gr} = \sqrt{\frac{E_{rg}}{E_{gg}} \frac{E_{gr}}{E_{rr}}}$，其中，$E_{rg}$ 和 E_{gr} 表示双边贸易流量；E_{gg} 和 E_{rr} 表示国内贸易流量（等于总产出减去出口）。

② 根据联合国和世界贸易组织编写的《贸易政策分析实用指南》，采用随机效应模型估计的同时控制国别效应和年份效应的方式（Bacchetta et al.，2012）。

续表

项目	国家汇总面板回归结果		制造业分行业面板回归结果		劳动密集型制造业	资本密集型制造业	知识密集型制造业
	lndva_br	lndva_br	lndva_br	lndva_br	lndva_br	lndva_br	lndva_br
	（1）	（2）	（3）	（4）	（5）	（6）	（7）
目的国国别效应	No	Yes	No	Yes	Yes	Yes	Yes
年份效应	No	Yes	No	Yes	Yes	Yes	Yes
观测值数量	630	630	11 340	11 340	1 890	5 040	4 410

注：括号内为 t 值，方差为稳健标准误差[①]

***表示 $p<0.01$，*表示 $p<0.1$

表 5.5 第（1）～（2）列，国家汇总面板回归结果显示，在未控制目的国固定效应和年份固定效应时，距离变量（ldist）弹性估计系数在 10%的水平上显著，控制固定效应后，系数为 0.132，且在 1%的水平上显著，表明地理距离对中国的国际生产分割同样产生了抑制作用。同世界其他国家比较分析，可以发现中国的估计结果中弹性系数明显较大，表明这种抑制效应对中国国际生产分割的影响更为显著一些。同样，利用中国制造业分行业的面板数据进行回归，得到分行业面板数据的弹性 0.069，且在 1%的水平上显著为正，大于世界水平的 0.012 的弹性。分要素密集度行业的计量结果显示距离弹性的估计系数也均为正，且都在 1%的水平上显著，验证了结果的稳健性。其中，知识密集型制造业行业距离弹性最大，资本密集型制造业次之，劳动密集型制造业分行业的距离弹性最小。这表明距离对知识密集型制造业分行业国际生产分割的抑制效应较大。这也主要由于知识密集型制造业分工较细、价值链条较长、单个产品的中间品通常多次通过海关、距离导致的贸易成本产生更大的放大效应。

5.4.2 中国国际生产分割变化对地理距离弹性估计

接下来，利用中国样本数据，来估计中国国际生产分割变化对地理距离的弹性系数，揭示中国国际生产分割变化对地理距离弹性的异质性特征。同理，只控

① 引力方程所处理的观测值可能都是异质性的，误差项的同方差假设可能不成立，因此应该使用稳健标准误差。

制目的国“国别固定效应”。由于本节估计模型为截面数据，我们将利用分行业数据进行估计，同时为保持估计结果稳健性，将采用 Efron（1979）提出的“自举法（bootstrap）”，进行再抽样估计。自举法样本设定 200。同时仍只估计距离的弹性，其他控制变量纳入到控制的国别效应和固定效应中。因此，基本估计引力方程为

$$\Delta \ln \text{DVA\_B ratio}_{cjt} = \chi_0 + \chi_1 \Delta I_j + \chi_2 \Delta I_{jt} + \chi_3 \ln(\text{dist}_{cj}) + \xi_{cjt} \quad (5.14)$$

其中，$\Delta\ln\text{DVA\_B ratio}_{cjt} = \ln\text{DVA\_B ratio}_{cjt} - \ln\text{DVA\_B ratio}_{cj(t-1)}$。在式（5.14）中设定 $t = \{2000;2014\}$。估计结果展示在表 5.6 中。

表 5.6　中国国际生产分割变化对距离弹性估计结果

项目	制造业分行业回归结果			劳动密集型制造业	资本密集型制造业	知识密集型制造业
	lndva_br	lndva_br	lndva_br	lndva_br	lndva_br	lndva_br
	（1）	（2）	（3）	（4）	（5）	（6）
ldist	0.037*** （0.008）	0.024*** （0.004）	0.024*** （0.004）	0.022*** （0.007）	0.024*** （0.002）	0.026*** （0.005）
常数项	−0.516*** （0.074）	−0.276*** （0.038）	−0.276*** （0.043）	−0.217*** （0.069）	−0.263*** （0.021）	−0.269*** （0.053）
目的国固定效应	No	Yes	Yes	Yes	Yes	Yes
行业固定效应	No	Yes	Yes	Yes	Yes	Yes
自举法（200）	No	No	Yes	Yes	Yes	Yes
观测值数量	756	756	756	126	336	294
R^2	0.062	0.880	0.880	0.946	0.944	0.625

注：括号内为 t 值，方差为稳健标准误差[①]

***表示 $p<0.01$

根据表 5.6 第（1）～（3）列，利用制造业分行业的回归结果显示，在未控制行业和目的国固定效应时，中国国际生产分割对距离变量（ldist）的弹性估计系数为 0.037，在 1%水平上显著为正，但模型可决系数仅为 0.062；在控制固定效应之后，可决系数大幅度上升到 0.880，弹性估计系数为 0.024，亦在 1%水平上显著为正；进一步，我们利用自举法，修正了标准误，得到更加渐近有效的估计量

① 引力方程所处理的观测值可能都是异质性的，误差项的同方差假设可能不成立，因此应该使用稳健标准误差。

仍为 0.024，提高了显著性水平。与世界水平的估计结果不同，距离变量对国际生产分割变化的影响非常显著。正的估计系数表明随着距离的增加，DVA_Bratio 的下降幅度更小一些，说明中国与距离较近的国家之间的国际生产分割水平上升的幅度更大。这充分说明近年来，中国与邻近国家的国际生产分割水平提升得较为明显，这与中国相对较低的国际生产分割水平有关，同时也与中国与“亚洲工厂”国家及地区之间价值链关联程度的强化密不可分。分要素密集度行业的计量结果显示，劳动密集型、知识密集型和资本密集型制造业行业的距离弹性为正，且都在 1%的水平上显著，知识密集型制造业行业的弹性系数大于资本密集型，表明知识密集型和资本密集型制造业行业的国际生产分割水平在邻近国家之间加深得更快。

5.5 本章小结

第 4 章的分析表明，国际生产分割具有较强的区域性特征。本章在其基础上进一步基于引力模型实证检验了距离对国际生产分割的影响。首先，构建了基于传统引力模型的距离影响国际生产分割的理论分析框架，给出计量方程。其次，对相关回归数据进行描述性分析和变量来源介绍。再次，分别基于截面和面板数据回归估计了距离对国际生产分割的影响，并对其变化的弹性也进行了估计。最后，进一步讨论了中国的情况。

6 中国应对之策

本章基于中国现阶段国际生产分割水平，主要从推动供给侧改革及进一步扩大开放两个方面提出在全球生产网络下进一步提升国际生产分割和专业化程度，加强国际合作，提高产业全球价值链地位，培育外贸竞争新优势的相关政策建议。

6.1 供给侧改革与全球生产

6.1.1 推动产业结构转型升级，调整出口产业结构

本书分析结论表明，中国国际生产分割的提升主要是基于产业国际生产分割的提升，产业结构变动的贡献并不显著。因此，在进一步提升产业国际生产分割水平的同时，积极推动产业结构转型升级，调整出口产业结构，发挥结构效应的作用具有重要意义。一方面，继续巩固和稳步降低纺织、服装、玩具、家具、塑料制品等低专业化水平的劳动密集型产品的出口，推动低技术制造环节逐步向东南亚国家和“一带一路”沿线国家转移；另一方面，应进一步地推动产业转型升级，引导和鼓励资本和技术向资本密集型、技术密集型及高新技术等高专业化产业转移，加大自主创新扶持力度，推动企业建立现代企业制度和引进先进技术管理经验，促进产业结构调整和优化升级，扩大和强化轨道交通、通信设备、工程机械等高质量、高技术、高国际生产分割水平产品出口比重。

6.1.2 提升服务业国际化水平，推动服务贸易便利化

本书分析结论表明，中国三产业中服务业国际生产分割水平较低，与世界平均水平相比也相对较低，服务业国际生产分割水平有待进一步提升。同时，服务业尤其是生产性服务业作为全球生产网络中功能架构的重要环节，未来全球生产

网络中制造服务化趋势日益加强。服务业的发展在未来国际生产分工中将起到越来越重要的作用。而中国现阶段的服务业发展水平还不高，主要表现在服务业在国民经济中的比重较低、结构性矛盾突出、服务业的行业效率低下、服务质量偏低和服务功能不强等。无论是服务业自身全球化进程还是对制造业的支撑作用发挥都有待进一步的引导和支持。一方面，要进一步提升服务业国际化水平，扩大金融、物流等服务业对外开放，吸引和鼓励服务业 FDI 利用，积极承接服务业外包环节和开展逆向外包，同时鼓励企业采取多种方式与国外渠道商合作，建设服务保障支撑体系，将售后服务作为开拓国际市场的重要途径；另一方面，要积极推动服务贸易便利化，推进国内服务市场与国际接轨，健全先进的服务标准、规范和监管体系，促进专业人才和专业服务跨境流动便利，放宽服务业 FDI 准入，推动研发服务、技术转移等科技服务业发展。

6.2 扩大开放与区域贸易协定缔结

6.2.1 进一步强化“亚洲工厂”区域及周边国家区域贸易协定

本书对国际生产分割测度及其地域特征的分析表明：世界范围内国际生产分割具有典型的区域性特征，并在逐步深化；中国也不例外，不论整体还是大多数制造业行业在“亚洲工厂”区域内国际生产分割水平更高，且区域内国际生产分割水平提升的速度远高于区域外。同时基于引力模型的计量结果也表明，邻近对提升国际生产分割水平具有显著的正向影响。一方面，邻近可以降低运输成本，这对国际生产分割深化所催生的频繁的中间品贸易尤为重要；另一方面，邻近国家达成的区域贸易协定也促成了高水平国际生产分割的形成。NAFTA 和欧盟都是非常典型的事实。但“亚洲工厂”国家和地区仍未形成正式文本的自由贸易协定。因此，从政策层面加快区域内双边和多边贸易合作谈判步伐，强化与“亚洲工厂”国家和地区的区域贸易协定，对发挥邻近和关税的扩大效应，提高区域内的垂直专业化水平，提升国际生产分割尤为重要。

自 2001 年中国与亚太国家签订了第一个区域贸易协定后，中国与贸易伙伴国的区域贸易合作有了长足的进步。截至 2015 年 12 月，中国签订了 14 个自由贸易协定，涉及 22 个国家和地区，其中亚洲国家和地区占了 16 个，与印度也进行了前期磋商。2015 年 12 月 17 日国务院发布了《关于加快实施自由贸易区战略的若干意见》（下称《意见》），已明确“积极推动与我国周边大部分国家和地区建立自由贸易区”，加快了构建周边自由贸易区的步伐。因此，一方面，要全面落实《意见》，加快与我国毗邻国家和地区自由贸易区建设的步伐，不断深化经贸关系，构建合作共赢的周边大市场；另一方面，要注重国际生产分工和协作等经济技术合作方案设计，深化经济联系，提高本国的专业化生产，提升国际生产分割水平。

6.2.2　进一步扩大开放，放宽外资准入和降低中间品关税

本书对国际生产分割测度分析表明，中国国际生产分割整体水平位于中等靠下的区间，三产业均低于世界平均水平。自 2001 年加入 WTO 以来，中国贸易实现了空前繁荣，贸易规模迅速扩大。根据国际货币基金组织（International Monetary Fund，IMF）统计数据，2009 年中国取代德国成为世界第一大出口国，2013 年取代美国成为世界第一大货物贸易国。迄今，中国仍是最大的出口国和第二大进口国。但长期以量取胜、以价取胜的战略，决定了中国出口产品质量和国际竞争力普遍较低。中国国际生产分割水平较低的结论意味着中国产品的全球专业化程度仍有待进一步提升，深度参与全球生产网络仍然迫在眉睫。未来进一步地扩大开放，放宽外资准入和降低中间品关税仍是主要抓手。

一方面，要大力放宽外资准入，提高垂直化外资利用的质量和水平。创新利用外资管理体制，加快推进外资准入前国民待遇和“负面清单”管理模式建设，简化外资进入手续，支持和吸引优秀外资尤其是垂直化外资的引入。进一步承接国际先进制造业环节转移，引导外资投向高附加值产业、新兴产业、高新技术产业，提升价值链环节的专业程度和水平，发挥外资引进先进技术的作用，促进出口产品和产业竞争力的提升。

另一方面，降低进口中间品关税和非关税壁垒，促进高质量、高技术中间产品进口，提升国际生产分割水平。首先，转变生产观念，鼓励企业进口中间品，尤其是优质中间品。进一步为企业进口中间品提供贸易渠道和各种便利化手段，如简化通关手续，降低相应关税等。其次，结合自由贸易区建设，将优质中间品

进口列入清单，或者设立专门的中间品进口区域管理机构，实行申报制，进一步降低中间品进口成本，促进优质中间品进口。最后，主动调整现行外贸发展战略，积极推行和实施高新技术产品进口来源国多元化战略，优化高新技术产品进口质量和进口结构，发挥高新技术产品进口带来的技术外溢效应，提升出口产品质量和国际竞争力。

6.3 未来展望

主要围绕本书理论分析和实证检验对本书研究结论加以全面总结，在此基础上对本书未来研究方向进行了展望。

(1)以 VAX ratio 指标来测度国际生产分割存在一定的缺陷，而以 DVA_B ratio 指标来测度国际生产分割在部门和整体层面更为科学合理。在全球生产网络下，伴随着中间品贸易的井喷，已形成众多国家参与、生产任务分割、全球范围内生产的新型国际生产体系。这种新型生产体系决定了一国在全球生产中根据自身要素禀赋只承担单个或多个有限生产环节的专业化生产，对产品进行增值。因此，一国参与国际生产分割的一个重要表现就是本国出口产品中包含较低的本国增加值或较高的国外增加值，传统的度量国际生产分割的外包指数、垂直专业化指数等都是基于度量国外增加值含量，VAX ratio 指标被认为是一个重要的并有吸引力的衡量全球生产中垂直专业化分工的反向指标，但 VAX ratio 指标无法区分国内生产分割部分和国外生产分割部分，且在部门和双边层面存在无法比较的缺陷。三种指标的联系和区别的理论分析表明，DVA_B ratio 避免了 VAX ratio 指标的缺陷，度量国际生产分割更为科学合理。

（2）全球国际生产分割水平逐步提高，但在部门和跨国层面都表现出一定的异质性。基于 WIOTs 数据测度了世界主要 42 个国家总体、分部门及跨国国际生产分割水平，对其变化趋势和呈现特征的分析表明，伴随着全球贸易的迅速增长，全球总体的 DVA_B ratio 指数从 2000 年 0.753 下降到 2014 年的 0.720，说明全球贸易中包含越来越少的本国增加值，国际生产分割水平在逐步提高；部门层面，制造业国际生产分割水平较高，服务业次之，初级产业最低，制造业水平的提升是世界总体国际生产分割水平提升的主因；跨国层面，不同国家的国际生产分割水平有较大的差异性，且这种差异性应与国家个体特征具有密切的联系，如经济体量、发展水平等。中国整体水平位于中等靠下的区间。

（3）中国国际生产分割水平在不断提高，但与世界平均水平相比，国际生产分割水平仍相对较低，且中国国际生产分割的提升主要是由于产业的国际生产分割水平提升，产业结构调整的作用并不显著。通过对中国国际生产分割的典型事实分析表明，中国整体和三产业的国际生产分割水平均呈现上升趋势，但与世界平均水平相比，中国整体和三产业的国际生产分割水平仍较低，这与中国的出口结构密切相关，这一方面是由于中国出口的主力军仍然是低技术、低国际生产分割水平的劳动密集型产业；另一方面，高技术含量和高复杂度的资本及知识密集型出口动力依然不足。通过指数进行分解，进一步的检验中国整体国际生产分割的变化机制的分析表明，中国国际生产分割的变化主要以产业内效应为主，产业间效应起的作用相对较小，国际生产分割的提升主要是基于产业国际生产分割的提升，产业结构变动的贡献并不显著，产业结构有待优化。

（4）不论是世界范围还是中国的国际生产分割都具有典型的区域性特征，且在全球范围内呈现逐步加深的趋势。根据对国际生产分割地域特征的分析，三大贸易区域欧盟、NAFTA、“亚洲工厂”区域内国际生产分割水平远远大于区域外国际生产分割水平，国际生产分割具有典型的区域性特征，且呈现逐步加深趋势；中国制造业整体和绝大多数制造业行业在区域内和区域外国际生产分割水平均逐步提升，在“亚洲工厂”区域内国际生产分割水平更高，且区域内国际生产分割水平提升的速度远高于区域外国际生产分割水平。同时区域内出口中间品国际生产分割水平高于区域外出口中间品，是导致中国制造业区域内和区域外国际生产分割水平差异的主要原因，进一步的分解显示出口产品效应和直接诱发部分的变化是中国制造业区域内和区域外国际生产分割水平提升的主要动力。

（5）邻近对国际生产分割具有显著影响。本书基于扩展的引力模型利用跨国数据分别基于截面和面板回归估计了距离对国际生产分割的影响，实证结果表明，DVA_B ratio 指标对地理距离的弹性显著为正，表明国际生产分割在地理距离上具有显著差异，具有明显的区域性特征；对其变化的弹性估计结果显示，距离变量对国际生产分割变化的影响并不显著。对中国的情况分析也表明，国际生产分割对地理距离弹性估计结果与世界整体估计结果基本一致，说明距离可以解释中国国际生产分割的区域性特征；同时，中国国际生产分割变化对地理距离的弹性系数较为显著，表明距离变量对中国2000～2014年国际生产分割变化的影响非常显著。

总体而言，本书的研究相关结论为未来深入探讨国际生产分割相关研究做了较好的铺垫，但仍有一些方面有待在理论和实证上进一步拓展。

（1）出口产品和服务的国际生产分割度量及影响因素。由于全球投入产出数据停留在国家整体和部门层面，本书对国际生产分割的度量依然停留在国家和部门，而部门层面在利用产品数据进行汇总时忽略了部门中出口产品和服务的异质性问题。未来，利用新的测度方法或者利用产品和服务层面的数据来测度产品和服务的国际生产分割水平及影响因素，将对更准确地理解全球生产网络生产方式提供更为微观的视角。

（2）国际生产分割与其带来的成本和福利问题。随着国际分工的深化，将从产业分工、产业内分工、产品分工逐步向产品内分工转变，一国将不再独立生产单个产品，而将主要根据自身比较优势专业化于一个或者多个产品和服务的某个或几个生产环节，这将会给生产模式和贸易模式带来空前的变革。从长远来看，这有利于提高全球生产的专业化水平，促进生产率提升和实现规模经济。但这一过程必将带来阵痛，一国的资本和劳动将逐步向某一个或几个生产环节转移，这一方面会造成在出口产品中本国增加值越来越低的事实，带来贸易福利降低的假象；另一方面，国内其他生产环节剥离也会带来工作岗位的短暂流失和失业率的短暂上升。因此，一国参与国际生产分割带来的成本和福利问题也将是未来值得关注的问题。

（3）国际生产分割与发展中国家价值链低端锁定。国际生产分割为发展中国家参与全球生产和贸易提供了良好的机遇，但发展中国家由于起点低，经济基础和技术水平都相对薄弱，模仿和自主创新将是发展中国家未来一段时间面临的主要问题，这就意味着在国际生产体系中，发展中国家会被锁定在价值链的低技术、低附加值环节。进一步地研究发展中国家参与国际生产分割价值链低端锁定现象及其带来的不平等问题，将是非常有意义的话题。

参 考 文 献

范子杰，张亚斌，彭学之. 2016. 基于上游延伸的中国制造业 GVCs 地域特征及变化机制. 世界经济，39（8）：118-142.

黎峰. 2015. 全球生产网络下的国际分工地位与贸易收益——基于主要出口国家的行业数据分析. 国际贸易问题，（6）：33-42.

李嘉图 D. 2005. 政治经济学及赋税原理. 周洁泽. 北京：华夏出版社.

林桂军，邓世专. 2011. 亚洲工厂及关联度分析. 世界经济与政治，（11）：124-136，159-160.

林桂军，邓世专. 2012. 中国在亚洲生产网络格局中的地位和作用. 山西大学学报（哲学社会科学版），35（3）：217-223.

罗长远，张军. 2014. 附加值贸易：基于中国的实证分析. 经济研究，49（6）：4-17，43.

马涛. 2015. 全球价值链下的产业升级：基于汽车产业的国际比较. 国际经济评论，（1）：98-111，6.

潘文卿，王丰国，李根强. 2015. 全球价值链背景下增加值贸易核算理论综述. 统计研究，32（3）：69-75.

钱学锋，陈勇兵. 2009. 国际分散化生产导致了集聚吗：基于中国省级动态面板数据 GMM 方法. 世界经济，32（12）：27-39.

盛斌，马涛. 2008. 中间产品贸易对中国劳动力需求变化的影响：基于工业部门动态面板数据的分析. 世界经济，31（3）：12-20.

施炳展，冼国明，逯建. 2012. 地理距离通过何种途径减少了贸易流量. 世界经济，35（7）：22-41.

斯密 A. 2001. 国富论[M]. 杨敬年译. 西安：陕西人民出版社.

王飞，王一智. 2013. 我国纺织和服装业增加值出口能力分析. 国际贸易问题，（11）：54-62.

王直，魏尚进，祝坤福. 2015. 总贸易核算法：官方贸易统计与全球价值链的度量. 中国社会科学，（9）：108-127，205-206.

邢予青，Detert N. 2011. 国际分工与美中贸易逆差：以 iPhone 为例. 金融研究，（3）：198-206.

徐毅，张二震. 2008. 外包与生产率：基于工业行业数据的经验研究. 经济研究，43（1）：103-113.

张杰，陈志远，刘元春. 2013a. 中国出口国内附加值的测算与变化机制. 经济研究，48（10）：124-137.

张杰，刘元春，郑文平. 2013b. 为什么出口会抑制中国企业增加值率?——基于政府行为的考察. 管理世界，（6）：12-27，187.

张亚斌，范子杰. 2015. 国际贸易格局分化与国际贸易秩序演变. 世界经济与政治，（3）：30-46，156-157.

Amiti M，Wei S J. 2005. Fear of service outsourcing：is it justified?. Economic Policy，20（42）：308-347.

Anderson J E. 1979. A theoretical foundation for the gravity equation. The American Economic Review，69（1）：106-116.

Anderson J E，van Wincoop E. 2003. Gravity with gravitas：a solution to the border puzzle. American Economic Review，93（1）：170-192.

Ando M. 2006. Fragmentation and vertical intra-industry trade in East Asia. The North American Journal of Economics and Finance，17（3）：257-281.

Ando M，Kimura F. 2005. The Formation of International Production and Distribution Networks in East Asia. Chicago：University of Chicago Press.

Ando M，Kimura F. 2006. Japanese manufacturing FDI and international production and distribution networks in East Asia. Routledge Taylor & Francis Group，39：65-103.

Antràs P. 2015. Global production：Firms，Contracts，and Trade Structure. Princeton：Princeton University Press.

Antràs P，Chor D. 2013. Organizing the global value chain. Econometrica，81（6）：2127-2204.

Antràs P，Garicano L，Rossi-Hansberg E. 2005. Offshoring in a knowledge economy. National Bureau of Economic Research，Working Paper.

Antràs P，Helpman E. 2003. Global sourcing. National Bureau of Economic Research，Working Paper.

Arndt S W. 1998. Super-specialization and the gains from trade. Contemporary Economic Policy，16（4）：480-485.

Athukorala P C，Yamashita N. 2006. Production fragmentation and trade integration：East Asia in a global context. The North American Journal of Economics and Finance，17（3）：233-256.

Bacchetta M，Beverelli C，Cadot O，et al. 2012. A Practical Guide to Trade Policy Analysis. Geneva：World Trade Organization.

Baldone S，Sdogati F，Tajoli L. 2001. Patterns and determinants of international fragmentation of production：evidence from outward processing trade between the EU and central Eastern European countries. Weltwirtschaftliches Archiv，137（1）：80-104.

Baldone S，Sdogati F，Tajoli L. 2007. On some effects of international fragmentation of production on comparative advantages，trade flows and the income of countries. World Economy，30（11）：1726-1769.

Baldone S，Sdogati F，Zucchetti A. 1997. From integration through trade in goods to integration through trade in production processes. EU-CEECs Integration，Working Paper.

Baldwin R. 2006. Globalization：the great unbundling（s）. Economic Council of Finland，20（3）：5-47.

Baldwin R，Lopez-Gonzalez J. 2015. Supply-chain trade：a portrait of global patterns and several testable hypotheses. The World Economy，38（11）：1682-1721.

Baldwin R，Taglioni D. 2006. Gravity for dummies and dummies for gravity equations. National Bureau of Economic Research，Working Paper.

Baldwin R，Venables A J. 2013. Spiders and snakes：offshoring and agglomeration in the global economy. Journal of International Economics，90（2）：245-254.

Becker S O，Ekholm K，Muendler M A. 2013. Offshoring and the onshore composition of tasks and skills. Journal of International Economics，90（1）：91-106.

Bems R，Johnson R C，Yi K M. 2011. Vertical linkages and the collapse of global trade. American Economic Review，101（3）：308-312.

Bergstrand J H. 1985. The gravity equation in international trade：some microeconomic foundations and empirical evidence. The Review of Economics and Statistics，67（3）：474-481.

Bergstrand J H. 1989. The generalized gravity equation，monopolistic competition，and the factor-proportions theory in international trade. The Review of Economics and Statistics，71（1）：143-153.

Bhagwati J，Dehejia V. 1994. International trade theory and wages of the unskilled. Trade and Wages，102（3）：36-75.

Brandt L，van Biesebroeck J，Wang L H，et al. 2012. WTO accession and performance of Chinese manufacturing firms. American Economic Review，109（4）：1616-1621.

Carrère C，Schiff M. 2005. On the geography of trade. Revue Économique，56（6）：1249.

Chaney T. 2008. Distorted gravity：the intensive and extensive margins of international trade. American Economic Review，98（4）：1707-1721.

Chen H，Kondratowicz M，Yi K M. 2005. Vertical specialization and three facts about US international trade. The North American Journal of Economics and Finance，16（1）：35-59.

Collinson S，Rugman A M. 2007. The regional character of Asian multinational enterprises. Asia Pacific Journal of Management，24（4）：429-446.

Costinot A，Vogel J，Wang S. 2013. An elementary theory of global supply chains. The Review of Economic Studies，80（1）：109-144.

Crinò R. 2010. Service offshoring and white-collar employment. The Review of Economic Studies，77（2）：595-632.

Crozet M，Koenig P. 2010. Structural gravity equations with intensive and extensive margins. Canadian Journal of Economics，43（1）：41-62.

Daudin G，Rifflart C，Schweisguth D. 2011. Who produces for whom in the world economy? Canadian Journal of Economics，44（4）：1403-1437.

de Backer K，Miroudot S. 2014. Mapping global value chains. Santiago：Global Value Chains and

World Trade：Prospects and Challenges for Latin America.

de Backer K，Yamano N. 2007. The Measurement of Globalization Using International Input-output Tables. Paris：OECD Publishing.

Dean J M，Fung K C，Wang Z. 2011. Measuring vertical specialization：the case of China. Review of International Economics，19（4）：609-625.

Deardorff A V. 2001a. Fragmentation in simple trade models. The North American Journal of Economics and Finance，12（2）：121-137.

Deardorff A V. 2001b. International provision of trade services，trade，and fragmentation. Review of International Economics，9（2）：233-248.

Dedrick J，Kraemer K L，Linden G. 2010. Who profits from innovation in global value chains? A study of the iPod and notebook PCs. Industrial and Corporate Change，19（1）：81-116.

Dedrick J，Kraemer K L，Linden G. 2011. The distribution of value in the mobile phone supply chain. Telecommunications Policy，35（6）：505-521.

Dicken P. 1992. Global Shift：The Internationalization of Economic Activity. London：SAGE Publications.

Dietzenbacher E，Los B，Stehrer R，et al. 2013. The construction of world input-output tables in the wiod project. Economic Systems Research，25（1）：71-98.

Disdier A C，Head K. 2008. The puzzling persistence of the distance effect on bilateral trade. Review of Economics and Statistics，90（1）：37-48.

Dixit A K，Grossman G M. 1982. Trade and protection with multistage production. The Review of Economic Studies，49（4）：583-594.

Eaton J，Kortum S. 2002. Technology，geography，and trade. Econometrica，70（5）：1741-1779.

Eden L，Miller S，2001. Opening the black box：multinationals and the costs of doing business abroad. Academy of Management Proceedings，Working Paper.

Efron B. 1979. Computers and the theory of statistics：thinking the unthinkable. SIAM Review，21（4）：460-480.

Egger H，Egger P. 2003. Outsourcing and skill-specific employment in a small economy：austria after the fall of the iron curtain. Oxford Economic Papers，55（4）：625-643.

Egger H，Egger P. 2005. The determinants of EU processing trade. World Economy，28（2）：147-168.

Estevadeordal A，Suominen K，Volpe C. 2013. Regional trade agreements：development challenges and policy options. Geneva：International Centre for Trade and Sustainable Development（ICTSD）.

Feenstra R C. 1998. Integration of trade and disintegration of production in the global economy. Journal of Economic Perspectives，12（4）：31-50.

Feenstra R C. 2004. Advanced International Trade：Theory and Evidence. Princeton：Princeton

University Press.

Feenstra R C，Hanson G H. 1996.Globalization，outsourcing，and wage inequality. National Bureau of Economic Research，Working Paper.

Feenstra R C，Hanson G H. 1999. The impact of outsourcing and high-technology capital on wages：estimates for the United States，1979-1990. The Quarterly Journal of Economics，114（3）：907-940.

Formentini S，Iapadre P L. 2008. Measuring international production fragmentation：where do we stand? International Journal of Technological Learning，Innovation and Development，1（3）：330-352.

Gereffi G. 1994. The organization of buyer-driven global commodity chains：how US retailers shape overseas production networks. Contributions in Economics and Economic History，5：95-122.

Graziani G. 1998.Globalization of production in the textile and clothing industries：the case of italian foreign direct investment and outward processing in Eastern Europe. Vienna：Kreisky Forum and BRIE Policy Conference：Foreign Direct.

Grossman G M，Rossi-Hansberg E. 2008. Trading tasks：a simple theory of offshoring. American Economic Review，98（5）：1978-1997.

Hartwell R H R M，Higgs R，Landes D S. 1969. Prometheus unbound：technological change and industrial development in western europe from 1750 to the present. Cambridge：Cambridge University Press.

Head K，Mayer T. 2002. Illusory Border Effects：Distance Mismeasurement Inflates Estimates of Home Bias in Trade. Paris：CEPII.

Helg R，Tajoli L. 2005. Patterns of international fragmentation of production and the relative demand for labor. The North American Journal of Economics and Finance，16（2）：233-254.

Helpman E. 2006. Trade，FDI，and the organization of firms. Journal of Economic Literature，44（3）：589-630.

Helpman E，Itskhoki O，Redding S. 2008. Wages，unemployment and inequality with heterogeneous firms and workers. National Bureau of Economic Research，Working Paper.

Hijzen A，Görg H，Hine R C. 2005. International outsourcing and the skill structure of labour demand in the United Kingdom. The Economic Journal，115（506）：860-878.

Hillberry R，Hummels D. 2008. Trade responses to geographic frictions：a decomposition using micro-data. European Economic Review，52（3）：527-550.

Hummels D L，Rapoport D，Yi K M. 1998. Vertical specialization and the changing nature of world trade. Economic Policy Review，4（2）：79-99.

Hummels D L，Ishii J，Yi K M. 2001. The nature and growth of vertical specialization in world trade. Journal of International Economics，54（1）：75-96.

Hummels D，Klenow P J. 2005. The variety and quality of a nation's exports. American Economic Review，95（3）：704-723.

Hummels D，Skiba A. 2004. Shipping the good apples out? An empirical confirmation of the alchian-allen conjecture. Journal of Political Economy，112（6）：1384-1402.

Johanson J，Vahlne J E. 1977. The internationalization process of the firm—a model of knowledge development and increasing foreign market commitments. Journal of International Business Studies，8（1）：23-32.

Johnson R C. 2014. Five facts about value-added exports and implications for macroeconomics and trade research. Journal of Economic Perspectives，28（2）：119-142.

Johnson R C，Noguera G. 2012a. Accounting for intermediates：production sharing and trade in value added. Journal of International Economics，86（2）：224-236.

Johnson R C，Noguera G. 2012b. Fragmentation and trade in value added over four decades. National Bureau of Economic Research，Working Paper.

Johnson R C，Noguera G. 2012c. Proximity and production fragmentation. American Economic Review，102（3）：407-411.

Johnson R C，Noguera G. 2014. A portrait of trade in value added over four decades. National Bureau of Economic Research，Working Paper.

Jones R W. 2000. A framework for fragmentation. Tinbergen Institute，Working Paper.

Jones R W，Kierzkowski H. 1988. The role of services in production and international trade：a theoretical framework. University of Rochester-Center for Economic Research（RCER），Working Paper.

Jones R W，Kierzkowski H. 2001. Horizontal Aspects of Vertical Fragmentation. Global Production and Trade in East Asia. Boston：Spring.

Jones R W，Kierzkowski H. 2004. Globalization and the Consequences of International Fragmentation. Cambridge：Money，Capital Mobility，and Trade：Essays in Honor of Robert A Mundell.

Jormanainen I，Koveshnikov A. 2010. Theoretical and empirical research on emerging multinationals：current state and future directions. Porto：Universidade Do Porto Faculdade De Economia.

Ju J D，Yu X D. 2015. Productivity，profitability，production and export structures along the value chain in China. Journal of Comparative Economics，43（1）：33-54.

Kee H L，Neagu C，Nicita A. 2013. Is protectionism on the rise? Assessing national trade policies during the crisis of 2008. Review of Economics and Statistics，95（1）：342-346.

Kee H L，Tang H W. 2016. Domestic value added in exports：theory and firm evidence from China. American Economic Review，106（6）：1402-1436.

Kierzkowski H. 2001. Fragmentation：New Production Patterns in the World Economy. London：Oxford University Press.

Kimura F，Ando M. 2005. Two-dimensional fragmentation in East Asia：conceptual framework and empirics. International Review of Economics & Finance，14（3）：317-348.

Kimura F，Obashi A. 2016. Production networks in East Asia：what we know so far. production networks and enterprises in East Asia 33（2）：33-64.

Kirkegaard J F. 2005. Outsourcing and offshoring：pushing the European model over the hill，rather than off the cliff！ Peterson Institute for International Economics，Working Paper.

Kneller R，Yu Z H. 2008. Quality selection，chinese exports and theories of heterogeneous firm trade. Nottingham：University of Nottingham.

Kohpaiboon A，Jongwanich J. 2013. International production networks，clusters，and industrial upgrading：evidence from automotive and hard disk drive industries in Thailand. Review of Policy Research，30（2）：211-239.

Koopman R，Powers W，Wang Z，et al. 2010. Give credit where credit is due：tracing value added in global production chains. National Bureau of Economic Research，Working Paper.

Koopman R，Wang Z，Wei S J. 2008. How much of Chinese exports is really made in China? Assessing domestic value-added when processing trade is pervasive. National Bureau of Economic Research，Working Paper.

Koopman R，Wang Z，Wei S J. 2012. Estimating domestic content in exports when processing trade is pervasive. Journal of Development Economics，99（1）：178-189.

Koopman R，Wang Z，Wei S J. 2014. Tracing value-added and double counting in gross exports. American Economic Review，104（2）：459-494.

Krugman P. 1995. Increasing returns，imperfect competition and the positive theory of international trade. Handbook of International Economics，3（3）：1243-1277.

Lamy P，Shiraishi T. 2011. Trade patterns and global value chains in east asia：from trade in goods to trade in tasks. Geneva：IDE-JETRO and WTO.

Leamer E E，Levinsohn J. 1995. International trade theory：the evidence. Handbook of International Economics，3：1339-1394.

Leontief W W. 1936. Quantitative input and output relations in the economic systems of the United States. Review of Economics and Statistics，18（3）：105-125.

Linden G，Dedrick J，Kraemer K L. 2011. Innovation and job creation in a global economy：the case of apple's iPod. Journal of International Commerce and Economics，3（1）：223-239.

Los B，Timmer M P，de Vries G J. 2015. How global are global value chains? a new approach to measure international fragmentation. Journal of Regional Science，55（1）：66-92.

Manova K，Zhang Z W. 2009. Export prices across firms and destinations. National Bureau of Economic Research，Working Paper.

Mattoo A，Wang Z，Wei S J. 2013. Trade in Value Added: Developing New Measures of Cross-Border

Trade. Washington：World Bank Group.

McGuire S T，Omer T C，Sharp N Y. 2011. The impact of religion on financial reporting irregularities. The Accounting Review，87（2）：645-673.

Memedovic O. 2004. Inserting local industries into global value chains and global production networks：opportunities and challenges for upgrading，Unido Working Paper.

Miller R E，Blair P D. 2009. Input-output Analysis：Foundations and Extensions. Cambridge：Cambridge University Press.

Narula R. 2012. Do we need different frameworks to explain infant MNEs from developing countries?. Global Strategy Journal，2（3）：188-204.

Naujoks P，Schmidt K D. 1994. Outward processing in central and east european transition countries：issues and results from german statistics. Kiel：Kiel Institute for the World Economy.

Navaretti G B，Haaland J，Venables T. 2002. Multinational corporations and global production networks：the implications for trade policy. Centre for Economic Policy Research，Working Paper.

Ng F，Yeats A. 2001. Production Sharing in east asia：who does what for whom，and why? Springer：63-109.

Olsen K B. 2006. Productivity impacts of offshoring and outsourcing：a review. STI，Working Paper.

Piekkari R，Nell P C，Ghauri P N. 2010. Regional management as a system. Management International Review，50（4）：513-532.

Pula G，Peltonen T A. 2009. As Emerging Asia Decoupled? An Analysis of Production and Trade Linkages Using the Asian International Input-output Table. Emerald：Emerald Group Publishing limited.

Puzzello L. 2012. A proportionality assumption and measurement biases in the factor content of trade. Journal of International Economics，87（1）：105-111.

Rose A K，van Wincoop E. 2001. National money as a barrier to international trade：the real case for currency union. American Economic Review，91（2）：386-390.

Rugman A M. 2005. The regional multinationals：MNEs and ‘global’ strategic management. Cambridge：Cambridge University Press.

Rugman A M，Verbeke A. 2005. Towards a theory of regional multinationals：a transaction cost economics approach. Management International Review，45（1）：5-17.

Sethi D，Judge W. 2009. Reappraising liabilities of foreignness within an integrated perspective of the costs and benefits of doing business abroad. International Business Review，18（4）：404-416.

Shi B Z. 2011. Extensive margin，quantity and price in China's export growth. China Economic Review，22（2）：233-243.

Sturgeon T J. 2006. Conceptualizing integrative trade：the global value chains framework. Trade

Policy Research，6：35.

Sturgeon T，van Biesebroeck J，Gereffi G. 2008. Value chains，networks and clusters：reframing the global automotive industry. Journal of Economic Geography，8（3）：297-321.

Suder G，Liesch P W，Inomata S，et al. 2015. The evolving geography of production hubs and regional value chains across East Asia：trade in value-added. Journal of World Business，50（3）：404-416.

Timmer M，Erumban A A，Gouma R，et al. 2012. The World input-output database（WIOD）：contents，sources and methods. Vienna：Institue for International and Development Economics.

Timmer M P，Dietzenbacher E，Los B，et al. 2015. An illustrated user guide to the world input-output database：the case of global automotive production. Review of International Economics，23（3）：575-605.

Timmer M P，Los B，Stehrer R，et al. 2013. Fragmentation，incomes and jobs：an analysis of European competitiveness. Economic Policy，28（76）：613-661.

Tinbergen J. 1962. Shaping the world economy：Suggestions for An international Economic policy. Books（Jan Tinbergen）.

Trefler D，Zhu S C. 2010. The structure of factor content predictions. Journal of International Economics，82（2）：195-207.

Upward R，Wang Z，Zheng J H. 2013. Weighing China's export basket：the domestic content and technology intensity of Chinese exports. Journal of Comparative Economics，41（2）：527-543.

Vries G D，Foster-Mc Gregor N，Stehrer R. 2012. Value added and factors in trade：a comprehensive approach. WIIW，Working Paper.

Wang Z，Powers W，Wei S J. 2009. Value chains in east asian production networks：an international input-output model based analysis. New York：United States International Trade Commission Working Paper.

Wang Z，Wei S J，Zhu K F. 2013. Quantifying international production sharing at the bilateral and sector levels. National Bureau of Economic Research，Working Paper.

Xing Y，Detert N C. 2010. How the iPhone widens the United States trade deficit with the People's Republic of China. East Asian Bureau of Economic Research，Working Paper.

Yeats A J. 1999. Just How Big is Global Production Sharing？Washington：World Bank Group.